"信毅教材大系"编委会

主　　任　王　乔

副 主 任　邓　辉　王秋石　刘子馨

秘 书 长　陈　曦

副秘书长　王联合

编　　委　许基南　匡小平　胡宇辰　李春根　章卫东
　　　　　　袁红林　陆长平　汪　洋　罗良清　毛小兵
　　　　　　邹勇文　蒋悟真　关爱浩　叶卫华　尹忠海
　　　　　　包礼祥　郑志强　陈始发　陆晓兵

联络秘书　宋朝阳　张步云

信毅教材大系

物流统计实务

● 王友丽 主编

Logistics Statistics
and Practice

复旦大学出版社

内容提要

统计作为处理、分析数据的工具，在各个行业都有显著贡献。本书旨在运用统计知识来研究物流领域相关问题，强调理论知识的实用性，每章的重点内容都辅以案例，将相关的统计方法应用到案例以达成解决实际物流问题的目的，强化读者对统计方法的应用的理解。全书分为物流统计基础篇、物流统计职能篇、物流统计延展篇。基础篇包括概论、物流调查技能和数据分析等两章；职能篇包括物流仓储统计分析、物流运输统计分析、物流包装统计分析、物流配送统计分析等四章；延展篇包括物流系统评价、物流信息系统分析、物流企业合作评价和海关统计等四章。

本书可以作为物流管理及经济类相关专业的教材使用，也可以作为物流企业统计工作者、物流企业经营管理者提高统计素养的培训教材。

总 序

世界高等教育的起源可以追溯到1088年意大利建立的博洛尼亚大学,它运用社会化组织成批量培养社会所需要的人才,改变了知识、技能主要在师徒间、个体间传授的教育方式,满足了大家获取知识的需要,史称"博洛尼亚传统"。

19世纪初期,德国的教育家洪堡提出"教学与研究相统一"和"学术自由"的原则,并指出大学的主要职能是追求真理,学术研究在大学应当具有第一位的重要性,即"洪堡理念",强调大学对学术研究人才的培养。

在洪堡理念广为传播和接受之际,德国都柏林天主教大学校长纽曼发表了"大学的理想"的著名演说,旗帜鲜明地指出"从本质上讲,大学是教育的场所","我们不能借口履行大学的使命职责,而把它引向不属于它本身的目标"。强调培养人才是大学的唯一职能。纽曼关于"大学的理想"的演说让人们重新审视和思考大学为何而设、为谁而设的问题。

19世纪后期到20世纪初,美国威斯康星大学查尔斯·范海斯校长提出"大学必须为社会发展服务"的办学理念,更加关注大学与社会需求的结合,从而使大学走出了象牙塔。

2011年4月24日,胡锦涛总书记在清华大学百年校庆庆典上,指出高等教育是优秀文化传承的重要载体和思想文化创新的重要源泉,强调要充分发挥大学文化育人和文化传承创新的职能。

总而言之,随着社会的进步与变革,高等教育不断发展,大学的功能不断扩展,但始终都在围绕着人才培养这一大学的根本使命,致力于不断提高人才培养的质量和水平。

对大学而言,优秀人才的培养,离不开一些必要的物质条件保障,但更重要的是高效的执行体系。高效的执行体系应该体现在三个方面:一是科学合理的学科专业结构,二是能洞悉学科前沿的优秀的师资队伍,三是作为知识载体和传播媒介的优秀教材。教材是体现教学内容与教学方法的知识载体,是进行教学的基本工具,也是深化教育教学改革,提高人才培养质量的重要保证。

一本好的教材,要能反映该学科领域的学术水平和科研成就,能引导学生沿着正确的学术方向步入所向往的科学殿堂。因此,加强高校教材建设,对于提高教育质量、稳定教学秩序、实现高等教育人才培养目标起着重要的作用。正是基于这样的考虑,江西财经大学与复旦大学出版社达成共识,准备通过编写出版一套高质量的教材系列,以期进一步锻炼学校教师队伍,提高教师素质和教学水平,最终将学校的学科、师资等优势转化为人才培养优势,提升人才培养质量。为凸显江财特色,我们取校训"信敏廉毅"中一前一尾两个字,将这个系列的教材命名为"信毅教材大系"。

"信毅教材大系"将分期分批出版问世,江西财经大学教师将积极参与这一具有重大意义的学术事业,精益求精地不断提高写作质量,力争将"信毅教材大系"打造成业内有影响力的高端品牌。"信毅教材大系"的出版,得到了复旦大学出版社的大力支持,没有他们的卓越视野和精心组织,就不可能有这套系列教材的问世。作为"信毅教材大系"的合作方和复旦大学出版社的一位多年的合作者,对他们的敬业精神和远见卓识,我感到由衷的钦佩。

王 乔

2012 年 9 月 19 日

目 录

第一篇 物流统计基础篇

第一章 概论 ………………………………………………… 003
第一节 物流和物流统计的基本概念 …………………… 005
第二节 物流统计的研究对象与内容 …………………… 010
第三节 常用的统计分析软件 …………………………… 013

第二章 物流调查技能和数据分析 ………………………… 016
第一节 物流市场调查的概念和意义 …………………… 017
第二节 调查方案的设计 ………………………………… 017
第三节 调查问卷的设计 ………………………………… 021
第四节 调查的实施 ……………………………………… 023
第五节 调查数据的汇总整理 …………………………… 025
第六节 调查报告撰写 …………………………………… 031

第二篇 物流统计职能篇

第三章 物流仓储统计分析 ………………………………… 043
第一节 物流仓储概述 …………………………………… 044
第二节 物流仓储统计指标 ……………………………… 046
第三节 优化仓储管理 …………………………………… 053
第四节 库存需求预测分析 ……………………………… 056
第五节 库存管理过程中相关指标的分析 ……………… 063

第四章 物流运输统计分析 ………………………………… 067
第一节 物流运输概述 …………………………………… 068
第二节 物流运输的基本统计指标 ……………………… 071
第三节 物流运输成本统计分析 ………………………… 074
第四节 物流运输需求预测分析 ………………………… 079

第五章 物流包装统计分析 ………………………………… 084
第一节 商品包装相关知识 ……………………………… 086
第二节 包装成本 ………………………………………… 090

001

第三节　运用属性层次法控制包装总成本 …………………… 091
　　第四节　日本夏普公司的绿色物流包装 …………………… 097

第六章　物流配送统计分析 …………………… 099
　　第一节　物流配送 …………………… 100
　　第二节　配送中心的基础资料分析 …………………… 105
　　第三节　配送需求计划 …………………… 106
　　第四节　EIQ 实例应用学习 …………………… 109
　　第五节　利用 Lingo 软件优化实例 …………………… 113

第三篇　物流统计延展篇

第七章　物流系统评价 …………………… 121
　　第一节　物流系统分析的目的与内容 …………………… 122
　　第二节　物流系统分析方法和工具 …………………… 125
　　第三节　物流系统评价指标体系 …………………… 127
　　第四节　物流系统评价与决策 …………………… 129

第八章　物流信息系统分析 …………………… 134
　　第一节　物流信息与信息系统 …………………… 136
　　第二节　物流信息系统的评价 …………………… 139
　　第三节　电子商务环境下的物流信息管理 …………………… 141
　　第四节　电子商务物流的绩效评价 …………………… 144

第九章　物流企业合作评价 …………………… 147
　　第一节　物流企业现状 …………………… 148
　　第二节　我国中小物流企业合作评价 …………………… 153
　　第三节　物流企业合作伙伴选择 …………………… 157

第十章　海关统计 …………………… 169
　　第一节　海关统计相关介绍 …………………… 173
　　第二节　海关统计范围及项目 …………………… 175
　　第三节　海关统计资料编制统计 …………………… 179
　　第四节　延伸海关统计职能 …………………… 180

参考文献 …………………… 183
后记 …………………… 185

第一篇　物流统计基础篇

- 第一章　概　论
- 第二章　物流调查技能和数据分析

第一章 概 论

引 导 案 例

国家邮政局公布2014年11月份邮政行业运行情况

2014年1—11月份,邮政企业和全国快递服务企业业务收入(不包括邮政储蓄银行直接营业收入)累计完成2 885.8亿元,同比增长25.2%;业务总量累计完成3 292.8亿元,同比增长35.2%(图1-1)。11月份,全行业业务收入完成316.5亿元,同比增长32.8%;业务总量完成400.9亿元,同比增长39.1%。1—11月份,邮政函件业务累计完成52.2亿件,同比下降10.9%;包裹业务累计完成5 409.1万件,同比下降12.6%;报纸业务累计完成174.8亿份,同比下降1.8%;杂志业务累计完成9.9亿份,同比下降6%;汇兑业务累计完成1.2亿笔,同比下降26.4%。1—11月份,全国快递服务企业业务量累计完成123.2亿件,同比增长51.8%;业务收入累计完成1 820.7亿元,同比增长41.6%。其中,同城业务收入累计完成235.5亿元,同比增长58.7%;异地业务收入累计完成1 006.8亿元,同比增长36.7%;国际及港澳台业务收入累计完成283.7亿元,同比增长16.1%(图1-2)。11月份,快递业务量完成16.5亿件,同比增长51.4%;业务收入完成228.1亿元,同比增长42.2%。

图1-1 快递业务收入情况

2014年1—11月份,同城、异地、国际及港澳台快递业务收入分别占全部快递收入的12.9%、55.3%和15.6%;业务量分别占全部快递业务量的25.4%、72.2%和2.4%(图1-3)。与2013年同期相比,同城快递业务收入的比重上升1.4个百分点,异地快递业务收入的比重下降2个百分点,国际及港澳台业务收入的比重下降了3.4个百分点。

图1-2 分专业快递业务收入比较

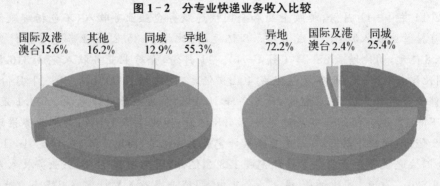

图1-3 快递业务收入结构(左)和快递业务量结构图(右)

2014年1—11月份,东、中、西部地区快递业务收入的比重分别为83%、9.3%和7.7%,业务量比重分别为82.2%、10.6%和7.2%。与2013年同期相比,东部地区快递业务收入比重下降了0.2个百分点,快递业务量比重上升了0.8个百分点;中部地区快递业务收入比重上升了0.1个百分点,快递业务量比重下降了0.2个百分点;西部地区快递业务收入比重上升了0.1个百分点,快递业务量比重下降了0.6个百分点。

全国邮政行业发展情况,如表1-1所示。

表1-1 2014年1月全国邮政行业发展情况

指标名称	单位	11月份 累计	11月份 当月	比2013年同期增长(%) 累计	比2013年同期增长(%) 当月
一、邮政行业业务收入	亿元	2 885.8	316.5	25.2	32.8
其中:快递业务收入	亿元	1 820.7	228.1	41.6	42.2
二、邮政行业业务总量	亿元	3 292.8	400.9	35.2	39.1
其中:函件	万件	521 575.8	41 605.1	-10.9	-3.8
包裹	万件	5 409.1	599.3	-12.6	-12.7
快递	万件	1 232 244.2	164 616.4	51.8	51.4
订销报纸累计数	万份	1 747 942.6	155 451.7	-1.8	-4.6

续 表

指标名称	单位	11月份		比2013年同期增长(%)	
		累计	当月	累计	当月
订销杂志累计数	万份	98 776.6	8 416.0	-6.0	-9.3
汇兑	万笔	12 023.0	896.5	-26.4	-39.0

注：邮政行业业务收入中未包括邮政储蓄银行直接营业收入。

资料来源：中华人民共和国国家邮政局网站，http://www.spb.gov.cn/。

讨论题

1. 什么是物流统计？物流统计的对象及内容是什么？
2. 物流统计解决了什么问题？它的具体任务是什么？
3. 物流统计的作用及意义是什么？

学习要点

1. 熟悉物流统计的基本概念。
2. 掌握物流统计的功能和基本任务。
3. 掌握物流统计学的研究对象及内容。
4. 了解常用的统计分析软件。

重点与难点

1. 物流统计的相关概念。
2. 物流统计的研究对象及内容。

本章导语

物流统计作为国家宏观统计的重要组成部分，是监测、分析物流运行状况以及制定物流产业政策和发展规划的重要依据。通过物流统计核算，能够及时、全面、准确地反映物流活动的规模、结构、发展水平、比例关系以及对国民经济的影响程度。同时，物流统计也可以为企业的经营管理提供决策支撑。通过对本章的学习，能够对物流统计的研究内容有初步的了解，为各章的学习奠定基础。

第一节 物流和物流统计的基本概念

一、物流的概念

随着世界经济全球化的发展，现代物流已成为推动经济全球化的重要服务业。美国物流管理协会(Council of Logistic Management,简称CLM)将物流定义为供应链整体活动的一部分,它是为满足顾客需要,对商品、服务及相关信息从产地到消费地高效、低成本流动和储存而进行的规划、实施和控制过程。该定义揭示了物流所涉及的整个流程,包括从产地原材料到产品使用以及被抛弃的整个过程;强调了在物流管理过程中不仅要注重实物流,更要关注服务流。我国的国家标准《物流术语》(GB/T 18354 – 2006)中也对物流进行了明确定义:物品从供应地向接收地的实体流动过程中,根据实际需要,将运输、储存、装卸、搬运、包装、流通加工、配送、信息处理等功能有机结合起来实现用户要求的过程。

根据物流的服务对象的不同,可以将物流分为企业物流和社会物流。

企业物流(internal logistics)是指企业内部的物品实体流动。企业物流是具体的、微观物流活动的典型领域,是围绕企业经营的物流活动。企业系统活动的基本结构是投入、转换和产出。物流活动便是伴随着企业的投入、转换和产出而发生的。物流是渗透到各项经营活动之中的活动。企业投入的是企业对外供应或企业外输入物流,转换的是企业内生产物流或企业内转换物流,产出的则是企业外销售物流或企业外服务物流。

社会物流(external logistics)又称为宏观物流,是企业外部的物流活动的总称。这种社会性很强的物流往往是由专门的物流承担人承担的。社会物流的范畴是社会经济的大领域。社会物流研究再生产过程中随之发生的物流活动,研究国民经济中物流活动,研究如何形成服务于社会、面向社会又在社会环境中运行的物流,研究社会中物流体系结构和运行,因此它带有综观和广泛性。

二、物流统计的概念

物流统计是在现代物流管理理论的指导下,运用科学的统计方法去研究物流经济活动过程中数量关系和内在规律的一种新型方法。透过统计的视角研究物流活动的规模、结构、发展水平、运行状况,以反映物流活动的发展规律、发展趋势及对国民经济的影响。它既是物流管理的一项基础工作,也是国民经济统计的重要组成部分。从宏观来讲,通过对物流数据的统计分析能够客观把握物流行业的发展规律,把握物流发展的基本格局,同时体现物流业的发展现状以及对国民经济的影响。从企业微观角度来看,物流统计为物流企业决策者提供了生产经营管理的技术支撑。

三、物流统计的基本功能

现代化的物流统计主要承担着统计、信息和监督三个方面的功能。其中,统计功能是指物流统计借助已积累的丰富的统计信息资料、科学的理论分析方法和先进的技术手段,进行深入的综合研究,为科学决策和管理提供多种备选建议和方案。信息功能是指根据科学合理的统计指标体系及统计调查方法,灵活地采集、处理、存贮和提供大量的以数量说明为基本特征的物

图1-4 物流统计的基本功能

流相关信息。监督功能的宗旨则是促进物流产业遵循客观规律的要求,长久、协调、稳健地发展。根据统计调查与分析,快速、准确地从总体上反映出物流业的运行情况,同时对其实行综合、系统的定量检查和预测,保障物流业科学发展。

四、物流统计的基本任务

物流统计的基本任务主要包括两个方面的内容:一方面,物流企业的有效管理离不开物流统计,它能够为物流企业及企业物流部门的经营决策提供信息支撑;另一方面,能够为国家宏观经济的发展提供依据。

(一) 为物流企业及企业物流部门的经营决策提供信息支撑

对于物流企业和企业的物流部门而言,进行物流统计工作是企业良好发展的基本保障。制定合理有效的物流规划是企业物流高效运作的重要保障,也是企业争取市场、获得竞争优势的基础。作为企业的决策者,如何制定高效可行的物流政策是摆在他们面前的实际问题。企业作为开展物流工作的主体,需要物流统计数据为其采购、生产、销售等工作提供指导。借助于科学的统计方法分析复杂的市场状况,是管理者分析企业运行状况与经济效益的前提条件,对改进物流政策与制定企业规划有着不可言喻的作用。

从国家《社会物流统计指标体系》(GB/T 24361-2009)中物流企业统计体系来看,如图1-5所示,物流统计工作能够从物流业务经营、收入、成本、资产等八个方面为物流企业决策者提供生产经营所需的数据信息。在实际运作中,物流信息是物流企业决策的基本依据,不可否认市场和物流企业的信息是物流企业运营决策的技术支撑。

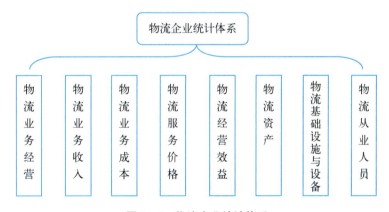

图1-5 物流企业统计体系

对于物流企业而言,其经营管理必须以物流统计为依托,才能使企业稳健运营。市场经济环境下,物流企业面临着激烈的市场竞争。企业要想保持核心竞争力,在市场中站稳脚跟,就必须及时充分了解物流服务市场行情。对于物流企业而言,利用统计方法对物流市场需求量进行预测尤为重要。同时,物流企业在进行投资决策时,如何在现有资源及信息的条件下,对当前备选方案进行风险评估是企业降低风险的关键。此外,对物流企业的经营状况进行综合评估,可以及时真实地反映企业的运作情况,适时作出有利于企业的各项决策,从而提高物流企业的经济效益。

物流企业在运营决策中不仅能够应用物流统计对当前运作进行分析,同时也能够借鉴其他物流企业的发展。从物流企业的整体发展中发现共有问题,寻求相应的解决方案。以2012年全国重点企业的物流业务成本和收入为例,表明物流企业能够从统计调查的结果中了解物流运营整体发展中各项成本与收入的增幅情况,为今后的努力方向提供帮助。

如图1-6和图1-7所示,2012年全国物流业务成本同比增长11.50%,增幅同比回落17.5个百分点。随着当年的货运量等因素的增速放缓,运输成本的增速随之大幅回落17.2个百分点,增长了4.20%;仓储成本比上年增长24.20%,保持较快增长;信息及相关服务成本和一体化物流业务成本分别增长31.90%和81.40%。整体上来说,除配送成本有所降低外,其他各种成本均呈现增长态势,但与往年相比,物流成本增长增幅呈现放缓趋势。

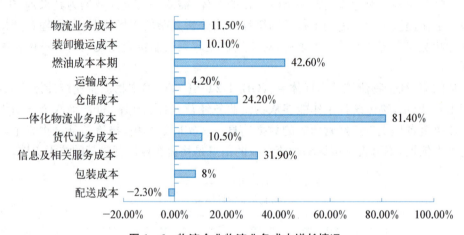

图1-6 物流企业物流业务成本增长情况

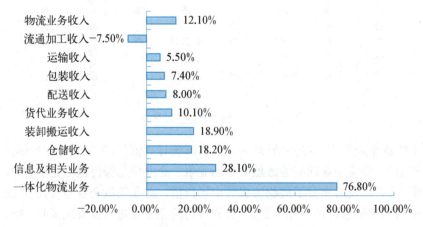

图1-7 物流企业物流业务收入增长情况

2012年物流企业的物流业务较上年同期增长12.10%,增幅同比回落4.8个百分点。在传统业务收入中,除流通加工收入同比降低7.50%,其他均保持稳步增长。其中,运输收入增长5.50%;仓储收入增长18.20%;信息及相关服务收入和一体化物流业务收入分别增长28.10%和76.80%。从数据上显示,一体化物流业务的收入增长较大,得到了迅速的发展。

(二)为国家制定物流业的相关政策及落实发展提供现实依据

随着我国物流业发展的迅速加快,其对国民经济的影响日益加大,随之产生了对物流统计数据的迫切需求。物流统计工作成为国民经济统计核算不可或缺的重要内容,也是适应国民经济发展的现实要求。发达国家的经验表明,现代物流的高速发展是提高整个国民经济效率的突破口。在国家的经济转型升级过程中,发展现代物流是实现经济发展的必然趋势。其根本原因在于,现代物流活动贯穿于社会经济的方方面面,它集仓储化、信息化和系统化于一身,不仅服务于产品的生产制造,更与居民的生活消费息息相关。特别是在电子商务迅速发展的背景下,物流显得尤为重要。

2014年,国务院在《物流业发展中长期规划(2014—2020年)》中明确提出,要以提高物流效率、降低物流成本为重点,这不仅是促进物流发展之需,更是提高经济运行质量和效率的迫切要求,也是经济与物流互动发展的基本规律。由此可见,物流业的发展已成为衡量一个国家发展和综合国力的重要标志,借助物流统计工作从而提高物流效率、降低物流成本已成为重中之重。多年来,国家发展改革委员会、统计局以及相关物流协会通过物流统计的核算,能够及时、全面、准确地反映物流活动的规模、结构、发展水平、比例关系以及对国民经济的影响程度,并以此作为制定政策法规的重要依据,进而促进整个物流业的健康发展,从而更好地支撑国家经济发展战略。

以2008—2012年中国的社会物流总额的统计数据为例,2012年全国社会物流总额177.3万亿元,按可比价格计算,同比增长9.8%,增幅较上年回落2.5个百分点。由图1-8所示,2012年我国的物流总体运行放缓趋稳。其单位GDP对社会物流需求

图1-8 2008—2012年社会物流总额统计

的系数为 1∶3.4,即每单位的 GDP 需要 3.4 个单位的物流量来支持,该数据与上年的数值持平,说明社会经济对物流需求的依赖程度仍然较高。

社会物流总费用主要包括运输费用、保管费用和管理费用。如表 1-2 所示,从 2008—2012 年的全国社会物流的总费用来看,2012 年社会物流的总费用 9.4 万亿元,同比增长 11.4%。其中,运输费用为 4.9 万亿元,同比增长 10.7%;保管费用为 3.3 亿万元,同比增长 11.8%;管理费用为 1.2 万亿元,同比增长 13.1%。从各项费用占 GDP 的比率来看,运输费用占 GDP 的比率呈逐年降低趋势,2012 年同比增长 0.1 个百分点;保管费用占 GDP 的比率逐年上升,2012 年同比增长 0.3 个百分点;管理费用占 GDP 的比率始终维持稳定。总体上,社会物流总费用与 GDP 的比率为 18%,同比增长 0.2 个百分点。

表 1-2 2008—2012 年社会物流总费用统计

年份	社会物流总费用（万亿元）	运输费用与GDP比率(%)	保管费用与GDP比率(%)	管理费用与GDP比率(%)	总费用与GDP比率(%)
2008	5.7	10	5.9	2.1	18.1
2009	6.1	9.9	5.9	2.1	18.1
2010	7.1	9.6	6	2.1	17.8
2011	8.4	9.3	6.1	2.1	17.8
2012	9.4	9.4	6.4	2.3	18

资料来源:2012—2013 年物流发展报告。

由上述数据分析中可以发现,通过对 2012 年物流业的调查数据进行分析,能够了解当前社会物流的总体情况以及当前物流发展的现状,例如上述图表中反映出 2012 年社会物流的总额总体趋势放缓、费用较高等现象。同时,物流统计分析更能够体现中国物流业发展与国民经济之间的关系,从而有助于国家对物流业中存在的问题及其面临的挑战作出正确规划。

第二节 物流统计的研究对象与内容

一、物流统计的研究对象

统计学的研究对象是指人们所要认识的实物客体,它独立存在于人们的主观意识之外。人们要认识客观世界,就需要统计实践,做调查研究,收集有价值的统计资料,明确统计研究对象是一切统计研究的起点。

物流统计是用科学的统计方法去搜集、整理、分析物流领域经济活动的实际数据,并通过统计所特有的统计指标和统计指标体系,表明物流领域经济活动的规模、水平、发展速度、比例和经济效益等。然而,现代物流作为跨行业、跨部门的复合型产业,其涉及的统计范围具有明显的特殊性。与其他的统计标准分类不同,它需要对多个行业细分类进行重新整合。一般而言,现代物流的统计范畴主要包括直接参与社会物流活动的交通运输、仓储、装卸搬运、货运代理、邮递、包装、流通加工、配送等行业,以及为社会物流活动提供服务的信息、软件、金融、广告等行业。因而,物流统计的研究对象具有数量性、总体性、社会性、客观性和随机性的特点,研究时需要对其进行充分认识和准确把握。

二、物流统计的研究内容

从国家宏观角度来讲,物流统计是对物流业的宏观环境进行客观合理的分析。通过对当前物流业的运行和发展情况进行调查、统计核算和分析,为国家制定和落实物流业发展规划及制定相关政策提供依据。认真组织好物流统计工作,对加强物流基础管理、增强决策的准确性和科学性、推进物流现代化进程等都具有十分重要的意义。具体而言,物流统计的内容主要包含三个方面:物流业外部环境统计、物流业内部环境统计以及物流企业经营状况综合评价(图1-9)。

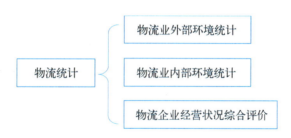

图1-9 物流统计的主要内容

（一）物流业外部环境统计

物流业外部环境是指与物流经济活动相关的各种外界因素,涉及宏观环境和市场环境。宏观环境主要包括自然环境、政治环境、经济环境、技术环境、人口环境、文化环境等;市场环境则是指直接影响物流业购销活动的因素,由物流业的供应商、消费者、中间商和竞争者构成。外部环境的统计内容主要包括物流市场供需情况、物流服务供应销售情况、物流企业的市场竞争能力等。只有正确认识客观环境及其变化,展开物流业外部环境的调查与分析,弄清外部环境变化会给物流业带来的机遇和危机,才能够便于采取正确的措施,使物流业得到长足的发展。同时,物流企业必须了解竞争对手的情况及本企业的竞争实力,只有把握正确的竞争策略,才能争取主动权。

（二）物流业内部环境统计

物流业内部环境是指物流业生产经营已拥有的要素水平和产出水平,包括人、物、财、信息等方面。企业内部环境统计主要包括物流投入统计、产出统计和成本统计(图1-10)。

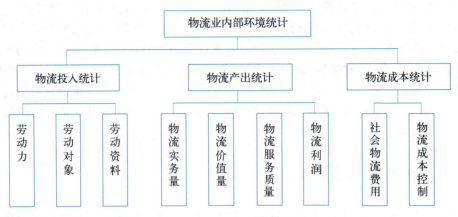

图 1-10 物流业内部环境统计

1. 物流投入统计

物流业的生产经营过程必然伴随着劳动力、劳动对象和劳动资料的投入,只有这样才能获得相应的生产经营成果。劳动力是生产三要素的首要因素,物流业的劳动力运用劳动资料作用于劳动对象,从而为社会提供相应的物流服务。物流业要想在竞争环境中求得生存和发展,就必须合理配置和使用人力资源。具体来讲,劳动力投入统计主要包括劳动力数量统计、劳动力素质统计、劳动时间利用统计和劳动报酬统计。物流劳动对象统计是对原材料的收、支、存的情况进行整合分析。劳动资料指物流设施设备,其统计主要包括物流基础设施统计、设备数量统计和设备利用统计。

2. 物流产出统计

物流业投入各种生产要素的最终目的在于获得产出成果。物流的产出数量不仅能够反映国内物流市场的规模,也可以在一定程度上反映物流需求的增长变化。合理有效地统计物流业的产出数量一方面有助于对物流企业的经济效益进行评价,另一方面对认识物流企业的竞争能力、调整物流企业生产经营策略也具有重大意义。物流业产出统计一般包括物流实务量指标、价值量指标、服务质量指标和利润指标。

3. 物流成本统计

物流成本直接关系着物流业的市场竞争力,通过研究成本水平和成本水平的变动因素,从而剖析成本升降的内因和外因,便能够及时采取措施、挖掘潜力,增强物流业的总体竞争力。物流成本统计分为核算社会物流费用和物流成本控制两方面的内容。其中,社会物流总费用划分为运输费用、保管费用和管理费用三大部分。物流成本控制的宗旨在于将企业成本控制在标准成本以下。先确定直接材料和直接人工的标准成本,然后确定物流服务费用的标准成本,最后确定单位物流业务量的标准成本。

(三) 物流企业经营状况综合评价

物流企业经济活动全过程是一个复杂的系统,既受企业内部机制的制约,又受企业外部环境,包括市场、政策、竞争对手等诸多因素的影响。通过构建物流经营状况综合评价指标体系,确定相应的基准值和权属,选取合适的综合评价方法对物流企业经营状况综合评价。这不仅能够从总体上对企业生产经营活动进行定量评价,而且能够解决企业生产经营状况的纵向对比和横向对比问题,解决多个企业生产经营状况的考核和排序问题,促使企业寻找差距、采取措施,迅速提高自己的经济实力和竞争能力。同时,也能够为物流行业管理部门考核、评价、比较、掌握企业生产经营状况提供科学的依据。

在确定物流统计的评价指标的同时,需要考虑物流统计侧重研究的具体内容,两者之间是相互联系、相互影响的。随着物流发展水平、物流研究水平、物流统计水平的不断提高,物流统计的内容将不断拓展、丰富和完善。本书物流统计的内容主要是从物流调查、物流仓储统计、物流运输统计、物流包装统计、物流配送统计、物流系统分析、物流信息系统分析、物流企业合作评价等问题逐步展开。

第三节 常用的统计分析软件

随着统计分析问题的日益复杂,许多传统的参数化计算已无法满足现代化的统计需求。统计分析软件是进行数据分析的主要工具,通过借助这些软件的使用使得数据收集、整理和分析过程更加智能化。一般来看,常用的统计分析软件的功能较为全面,其系统集成了诸多成熟的统计分析方法,使用方法较为简单,能够便捷地产生各种统计图形和表格。这不仅使得统计分析的结果更加直观化,也能够加强分析的准确性,提高实际工作效率。

常用的统计分析软件主要有 SAS、SPSS、S‐PLUS 等。当然,除了使用专业的统计分析软件,Excel 也可以完成很多专业统计分析软件才能完成的数据统计分析工作,如直方图、相关系数、协方差、各种概率分布、抽样与动态模拟、总体均值判断、均值推断、线性回归、非线性回归、多元回归分析、时间序列等。

一、SAS

SAS(statistics analysis system)是美国 SAS 软件研究所研制的用于决策支持的大型集成信息系统,其统计分析功能是它的重要组成部分和核心功能。在数据处理和统计分析领域,SAS 被誉为国际标准软件和最具权威的优秀统计软件包。

SAS 系统是一个组合软件系统,它由多个功能模块组合而成,其基本核心部分是 BASE SAS 模块,主要承担着数据管理任务,管理用户的使用环境,处理用户语言并调用其他 SAS 模块和产品。同时,SAS 系统具有灵活的功能扩展接口和强大的功能模块,在此基础上增加了不同的模块,如 SAS/STAT(统计分析模块)、SAS/GRAPH(绘图模块)、SAS/QC(质量控制模块)、SAS/ETS(经济计量学和时间序列分析模块)、SAS/OR(运筹学模块)、SAS/ESP(快速数据处理的交互式菜单系统模块)等。

目前,SAS 软件能够支持 Windows 和 Unix 两种平台,与 Windows 操作系统兼容性较好。经过多年的发展,SAS 已被全世界 120 多个国家和地区的科研机构和人员普遍采用，涉及金融、医药卫生、生产、运输等各个领域。

二、SPSS

SPSS(statistical product and service solutions)是最早采用图形菜单驱动界面的统计软件。1968年，SPSS由美国斯坦福大学的三位研究生研制，1984年首先推出了世界上第一个统计分析软件微机版本SPSS/PC+，这极大地扩充了它的应用范围，使其能很快地应用于自然科学、技术科学、社会科学的各个领域。

SPSS最为突出的特点在于人机操作界面友好、输出结果简洁直观。同时，SPSS的操作方法简单，能够同时满足初学者、熟练者及精通者的需求。从某种程度来讲，对于数学功底较差的使用者而言，借助SPSS的运用也能够帮助他们学习运用现代统计技术。使用者仅须关心某个问题应该采用何种统计方法，并初步掌握对计算结果的解释，而不须了解其具体运算过程，就可以在使用手册的帮助下完成对数据的定量分析。

SPSS的功能几乎囊括了所有的统计分析方法，其集数据录入、资料编辑、数据管理、统计分析、报表制作、图形绘制为一体。其中，SPSS统计分析过程包括描述性统计、均值比较、一般线性模型、相关分析、回归分析、对数线性模型、聚类分析、数据简化、生存分析、时间序列分析、多重响应等。

SPSS软件迄今已有30余年的成长历史。全球约有25万家产品用户，分布于通信、医疗、银行、证券、保险、制造、商业、市场研究、科研教育等多个领域和行业，是世界上应用最广泛的专业统计软件。

三、S-PLUS

S-PLUS是由美国MathSoft公司开发的一种基于S语言的统计学软件，主要用于数据挖掘、统计分析和统计制图等。S-PLUS提供超过4 200种包含传统及现代技巧的数据分析函数。其不仅功能齐全，而且由于其具备强大的编程功能，使得研究人员能够根据自身的需求实现自己的理论和方法。

同时，它拥有流畅、直观的操作界面以及广泛的输入输出功能。S-PLUS的操作界面与Microsoft Office完全一致，这不仅能够将S-PLUS的分析结果嵌入Word文档和PowerPoint文档中，更能够实现与Excel的无缝集成。这样既可以在S-PLUS环境中随意操作Excel数据，也可以在Excel环境中使用S-PLUS功能，不需要花时间在Excel及S-PLUS之间，减少了数据的来回转换。此外，S-PLUS的探索式图形技术可以直观地展现隐藏在数据中的关系和趋势，更好地对简单的统计数值及文字报表进行分析。同时，它提供了超过80种二维和三维图形库，可以修改每一层图形的细节，包括线条、颜色、字体等，最终产生想要的图形。

本 章 小 结

物流统计是国民经济统计的重要组成部分，是监测、分析物流运行状况以及制定物流产业政策和发展规划的重要基础,也是现代物流企业的一项重要基础性工作。本章主要介绍了物流统计的研究对象与任务、物流统计在物流企业经营管理中的作用、物流统计与国民经济管理的关系、物流统计的主要研究内容、常用的统计分析软件等。通过本章的学习,可以为以下各章的学习奠定基础。

物流业是国民经济的重要组成部分,在促进产业结构调整、转变经济发展方式和增强国民经济竞争力等方面发挥着重要作用。物流统计是在现代物流管理理论的指导下,运用科学的统计方法去研究物流经济活动过程中数量关系和内在规律的一种新型方法。透过统计的视角研究物流活动的规模、结构、发展水平、运行状况,以反映物流活动的发展规律、发展趋势及对国民经济的影响。

物流统计的基本任务主要包括两个方面的内容:一方面,物流企业的有效管理离不开物流统计,它能够为物流企业及企业物流部门的经营决策提供信息支撑;另一方面,能够为国家宏观经济的发展提供依据。物流统计的主要内容有物流业外部环境统计、物流业内部环境统计和物流企业经营状况的综合评价等。物流企业的外部环境是指物流经济活动的外部条件,是不受物流企业控制但与物流经济活动相关的各种外界因素,包括宏观环境和市场环境。物流企业内部环境是指物流业生产经营已拥有的要素水平和产出水平,包括人、财、物、信息等各个方面。企业内部环境统计主要包括物流企业投入统计、产出统计和成本统计。

统计分析软件是进行数据分析的主要工具,通过借助这些软件的使用使得数据收集、整理和分析过程更加智能化。常用的统计分析软件主要有 SAS、SPSS、S-PLUS 等。

第二章 物流调查技能和数据分析

> **引导案例**
>
> ### 大学校园快递服务调查
>
> 目前,在大学内提供服务的快递公司主要有申通快递、圆通快递、中通快递、韵达快递等,这些公司一般在大学校园内均设有业务代理点,为校园内师生收发快递提供了极大便利。不少物流公司设点,但还远远没有达到供大于求的地步。据调查得知,师生了解物流公司的主要途径为网上购物。在电子商务平台日趋完善的今天,网购热潮势必愈演愈热,而其带来的将不仅是广阔的市场需求,更是在校园物流下的无限商机。
>
> 面对日益发展的大学校园快递业务,如何更好地了解其发展现状,需要科学的市场调查。

讨论题

1. 什么是物流调查?物流调查的技术和后期的数据分析应该如何进行?
2. 当物流调查结束后,调查报告应该怎么写?

学习要点

1. 了解物流统计调查的含义、工作流程和各环节。
2. 理解物流统计工作的基本内容和重要性。
3. 掌握统计工作的常用方法。
4. 了解调查工作的全过程,掌握 Excel 软件处理简单的数据分析。
5. 掌握设计调查问卷,对收集到的数据进行整理和分析。

重点与难点

1. 数据收集的来源和方法。
2. 数据分析。
3. 调查问卷的设计和分析。

本章导语

物流产业的发展需要物流企业,物流从业人员了解、掌握物流市场发展的形式和信息。因此，我们需要客观地面对物流市场，根据自身需求，设计合理的调查方案，运用有效的调查方法，收集相关物流数据。利用数据处理方法和软件，将数据进行整理分析，得出对市场的判断，有效地服务物流产业。

第一节　物流市场调查的概念和意义

一、物流市场调查的概念

物流市场调研就是以科学的方法、客观的态度，明确研究物流市场营销问题所需的信息，有效地收集和分析这些信息，为物流企业决策部门制定更加有效的营销战略和策略提供基础性的数据和资料。

物流是集运输、仓储、装卸搬运、流通加工、配送、信息处理于一体的综合理念，并且物流的各活动之间存在着效益背反关系，因此物流市场调研必须坚持系统综合的理念。物流市场调研是一个系统的工作，即物流市场调研的每一个阶段都必须进行系统的规划，每一阶段的所有步骤也应有条不紊地进行。调研必须客观，即应努力提供能够反映真实状况的信息。

二、市场调查的意义

市场调查有利于物流企业进行正确的市场定位；有利于物流企业制定与实施正确的市场营销战略；有利于物流企业实行正确的产品策略；有利于物流企业实行正确的价格策略；有利于物流企业有效开展广告促销活动；有利于了解竞争产品市场表现并制定有针对性的市场竞争策略。

第二节　调查方案的设计

一、调查方案设计的概念

物流市场调查方案设计，就是根据调查研究的目的和调查对象的性质，在进行实际调查之前，对物流相关对象调查工作总任务的各个方面和各个阶段进行的通盘考虑和安排，提出相应的调查实施方案，制定合理的工作程序。

市场调查的总体方案设计是对调查工作各个方面和全部过程的通盘考虑，包括了整个调查工作过程的全部内容。

二、调查方案的组成

调查方案应该由调查目的、调查内容、调查范围及对象、调查方法、调查日程安排和调查预算等方面构成。调查方案的步骤如图2-1所示。

(一) 确定调查目的和内容

确定调查目的,就是明确在调查中要解决哪些问题,通过调查要取得什么样的资料,取得这些资料有什么用途等问题。衡量一个调查设计是否科学的标准,主要就是看方案的设计是否体现调查目的的要求、是否符合客观实际。调查目的是指所要达到的具体目标,回答为什么调查,要解决什么样的问题,具有什么样的用处。

同一总体,调查目的和任务不同,调查的内容和范围也不同,要采用相应的调查方法。如图2-2所示。

图2-1 调查方案

浙江国力大厦购物中心经营相关调研
1. 地区居民收入水平
2. 地区消费结构、消费心理及特点
3. 企事业单位等社会集团购买力情况
4. 周边居民消费情况

浙江国力大厦购物中心可行性调研
1. 该地区的人口规模(人口购买力状况)
2. 城市总体发展规划
3. 商业网店的现状
4. 交通条件及发展规划

图2-2 同一个对象不同的调查目的

我国人口普查的目的就规定得十分明确,即"准确地查清人口普查以来我国人口在数量、地区分布、结构和素质方面的变化,为科学地制定国民经济和社会发展战略与规划,统筹安排人民的物质和文化生活,检查人口政策执行情况提供可靠的依据"。

(二) 确定调查对象和调查单位

确定调查对象和调查单位,主要为了解决向谁调查和由谁来具体提供资料的问题。调查对象就是根据调查目的、任务确定调查的范围以及所要调查的总体,它是由许多某些性质上相同的调查单位所组成的(图2-3)。

调查单位就是所要调查的社会经济现象总体中的个体,即调查对象中的一个具体单位,它是调查中要调查登记的各个调查项目的承担者。

调查对象的含义
以城市职工为调查对象,就应明确职工的含义,划清城市职工与非城市职工、职工与居民等概念的界限

调查目的和对象决定调查单位
要调查城市职工本人基本情况时,调查单位不再是每一户城市职工家庭,而是每一个城市的职工

图2-3 确定调查对象和调查单位

(三) 确定调查表

调查表一般由表头、表体和表脚三个部分组成。

表头包括调查表的名称、调查单位(填报单位)的名称、性质和隶属关系,表头填写的内容一般不做统计分析,是核实和复查调查单位的依据。

表体包括调查项目、栏号和计量单位,它是调查表的主要部分。

表脚包括调查者或填报人的签名和调查日期,其目的是为了明确责任,一旦发现问题,便于查寻。

调查表可以分为单一表和一览表。

单一表,在一张表上可以登记一个调查单位,可以容纳较多的标志,又便于整理分类,适用于调查项目较多的详细调查。如表2-1为单一表。

表2-1 2013年10月全国港口外贸散杂货物装卸作业价格调查表

内贸货种	作 业 方 式	环渤海	长江三角洲	长江中上游	海峡西岸	珠江三角洲	北部湾
煤炭（散）	船舱—车(船)直取	21.2/27.5	14.2/20.9	9.1/17.0	19.4/22.8	16.5/18.9	20.3/24.0
	船舱—库场—火车	20.5/27.5	19.5/22.7	18.6/22.0	26.3/30.0	22.9/29.8	29.8/40.0
	船舱—库场—卡车	19.4/27.5	17.0/22.7	12.9/19.5	25.0/28.0	21.7/23.8	24.6/33.0
	船舱—库场—驳船	/	17.1/22.0	5.2/25.0	/	22.5	39.5/48.0
铁矿砂、矿粉（散）	船舱—车(船)直取	21.0/27.5	13.1/17.0	9.8/22.0	17.7/22.0	14.9/19.7	18.2/22.0
	船舱—库场—火车	21.8/27.5	16.8/20.0	20.4/28.0	23.7/28.0	31.0	26.5/30.0
	船舱—库场—卡车	20.1/27.5	14.7/24.0	12.9/25.0	29.5/31.0	21.2/23.7	20.9/26.0
	船舱—库场—驳船	/	16.5/26.0	19.5/35.0	/	23.7	33.1/40.0
原油	船边—库、车、船	13.4/19.5	9.3/13.2	10.0	19.0	/	14.0/24.0
	船边—管道	17.1/22.5	/	8.0		24.0/28.0	15.8/24.0
	船边—库—火车	17.7/22.0	15.7	20.0	/		17.5
	船边—库—卡车	15.1/19.5	/	12	/		13.9/16.4
	船边—库—驳船	13.5	12.0	/	/	/	/
钢材	船舱—车(船)直取	22.7/33.5	17.3/25.0	13.0/30.0	19.5/24.5	15.9/21.5	23.2/36.5
	船舱—库场—火车	26.3/33.5	26.3/30.0	23.6/33.0	33.6	34.8	37.0/43.5
	船舱—库场—卡车	27.2/45.0	22.3/28.0	18.3/31.0	25.3/30.0	25.3/30.0	30.0/40.5
	船舱—库场—驳船	/	23.6/30.0	22.8/40.0	35.0	27.5	25.0
木材	船舱—车(船)直取	25.2	26.0/35.0	14.7/26.0	20.8/23.0	24.9/29.7	29.3/40.5
	船舱—库场—火车	29.2/39.5	27.5/33.0	29.0/31.0	26.0	49.0	39.0/51.0
	船舱—库场—卡车	29.3/37.5	28.0/45.0	21.5/24.0	25.8/26.0	31.6/41.7	33.4/48.5
	船舱—库场—驳船	/	35.2/50.0	23.5/28.0	/	41.7	/

续　表

内贸货种	作业方式	环渤海	长江三角洲	长江中上游	海峡西岸	珠江三角洲	北部湾
水泥（包）	船舱—车(船)直取	22.2/26.7	20.8/24.0	11.7/30.0	21.8/25.0	22.9/26.7	27.8/41.5
	船舱—库场—火车	25.8/27.7	26.2/28.0	31.7/33.0	38.0	49.0	34.2/41.0
	船舱—库场—卡车	25.2/29.5	24.9/26.0	19.3/30.0	33.0/35.0	27.9/41.7	35.1/43.0
	船舱—库场—驳船	/	28.0/30.0	22.1/34.0	40.0	41.7	/

一览表，在一张表上登记若干个调查单位，适用于调查项目不多的调查。如表2-2为一览表。

表 2-2　某市基础物流设施(货运)调查表

单位名称	运输车辆（辆）	运输车辆（载重量）	中转基地（个）	物流节点仓储能力	物流节点设备总数(台)

(四) 确定调查方法

在调查方案中，还要规划采用什么组织方式和方法取得调查资料。

搜集调查资料的方式有普查、重点调查、典型调查、抽样调查等。具体调查方法有文案法、访问法、观察法和实验法等。

在调查时，采用何种方式、方法不是固定和统一的，而是取决于调查对象和调查任务。在市场经济条件下，为准确、及时、全面地取得市场信息，尤其应注意多种调查方式的结合运用。

(五) 确定调查数据的整理和分析的方法

采用调查方法收集到的原始资料大多数是零散、不系统的，只能反映事物的表面现象，无法深入研究事物的本质和规律性，需要对大量的原始资料进行加工、汇总，使得数据系统化、条理化，可以被使用。

目前调查数据资料的处理工作可以借助计算机完成，但是在调查方案中也要考虑分析方法的思路。定量和定性资料的分析方法有较大差异，即使是定量的资料，也需要使用程序与软件进行分析。同时，也要确定对数据进行分析，基本方法有频数(百分比)分析、平均指标分析、指数分析等，复杂的有回归分析、相关分析、聚类分析、主成分分析等方法。每种分析方法都有其自身的特点和不同的技术要求，应根据调查目的的要求，选择最佳的分析方法，在方案中进行确定。

(六) 确定时间和调查日程

调查时间是指调查资料所属的时间。例如，人口普查：7月1日和11月1日零点；销量资料：1月1日—12月30日。

调查期限是规定调查工作的开始时间和结束时间,包括从调查方案设计到提交调查报告的整个工作时间。

(七) 确定调查地点

在调查方案中,还要明确调查地点。调查地点和调查单位通常是一致的,但也有不一致的情况。当不一致时,要规定调查地点。

(八) 调查费用

调查费用的多少通常根据调查目的、调查范围和调查难易程度而定。在进行调查费用预算安排时,需要遵循尽可能将调查费用使用在最恰当的调查方法中,同时也要将可能需要的费用尽可能全面考虑。

第三节 调查问卷的设计

调查问卷是用来收集调查数据、获取信息的一种工具。调查问卷在调查工作中扮演着越来越重要的角色。因为数据是依赖于问卷进行收集的,在数据收集过程中问卷起着核心作用,是其中的一个重要环节。问卷设计的好坏,直接影响到数据的质量和分析的结论。

一、确定问卷的结构与内容

调查问卷的基本结构,一般可由前言、问题与答案、结束语、被访者资料四部分组成。

(一) 前言

前言是用来向被调查者说明调查目的和意义、调查内容、对调查者的希望和要求。前言的篇幅不要太长,文字要简练、准确,语气要谦和、诚恳。被访者能否顺利接受受访很大程度上取决于前言。

(二) 问题与答案

问题与答案是调查问卷的主体,是核心组成部分。常用的问答形式有两种选择:开放式问题和封闭式问题。问卷设计者可根据需要选择确定。

(三) 结束语

结束语放在问卷的后面。内容包括对被访问者表示诚恳的感谢,以及向被访问者征询意见与建议。

(四) 被访者个人资料

为了便于对收集的数据分类整理,了解不同年龄、地区、职业、收入水平的消费者对物流需求的不同,要在问卷中提醒出来。

例如,您的性别:A. 女　B. 男;您的年龄:A. 23 岁以下　B. 23—45 岁　C. 46—65 岁　D. 65 岁以上

二、设计问卷中的问题

在调查问卷中,有两个主要问题类型:开放式问题和封闭式问题。

1. 开放式问题

开放式问题是允许被访问者用自己的语言来回答的问题,一般说来,因为被访问者的回答不受限制,所以开放式问题常常能揭露出更多的信息。

开放式问题是只提出问题,但不向被调查者提供具体答案,由被调查者按其想法填写。

例如,你觉得目前快递企业提供的服务需要改进的地方有哪些?

2. 封闭式问题

封闭式问题是提供所有可能的回答,让被访者从中选择一个或多个答案。因为封闭式问题给出了问题的答案,规定了回答的方式,使被访者易于回答,所以提高了访问的成功率,同时使数据编码、统计分析变得容易。

例如,你平时选择快递企业的首要影响因素是?

A. 速度   B. 质量   C. 价格   D. 服务态度

封闭式问题的回答方法有单项选择、多项选择、排序选择和等级评定。

其中,排序选择是在列出多个答案中,由被调查者对所选的答案按要求的顺序进行排序。等级评定是列出不同等级的答案,由表示不同等级的形容词组成,由被调查者选择。常用的等级形容词有:很好,好,较好,一般,较差,差,很差,非常喜欢,喜欢,比较喜欢,无所谓,不喜欢等。

3. 合理排列问题的顺序

问卷设计要考虑问题的顺序。如果有过滤性的问题要放在问卷最前面。问卷顺序本着先易后难的原则,把需要思考的问题放中间,敏感性问题放在问卷最后。所提出来的问题应合乎逻辑次序,涉及被访者私人信息的问题放在最后。

三、问卷的评估

设计完成的问卷要进行几个方面的评估:问题的提出是否必要;问卷是否太长;问题是否有助于收集到需要的信息;语音表达是否清楚;问题的顺序是否合理等。

四、问卷的测试与修改

问卷初稿设计完成后,不能马上实施,需要预先测试,将测试结果进行讨论,发现问卷当中存在的问题。测试的样本数目通常是几个、几十个进行,能够将问题发现出来就可以。

第四节 调查的实施

一、物流统计调查的来源

物流企业的统计信息来源主要来自两个方面：一是物流企业外部信息，二是物流企业的内部信息。

（一）物流企业外部统计信息的来源

1. 物流企业外部间接统计信息

企业外部间接统计信息是指公开出版和不公开出版的各种年鉴和资料汇编，即经前人搜集、整理、加工过的现有统计资料，故又称为次级统计资料或二手统计资料。物流企业需要对间接统计资料进行加工整理，使其成为符合本企业特定需求的统计信息。

2. 物流企业外部直接统计信息

物流企业外部直接统计信息是指物流企业派统计人员或委托专业调查公司采集来自调查对象的原始记录并经整理汇总所得的统计资料。直接统计资料主要来自市场调查。

（二）物流企业内部统计信息来源

1. 物流企业内部间接统计信息

物流企业内部有三大核算，即会计核算、业务核算、统计核算。

会计核算也称会计反映，以货币为主要计量尺度，对会计主体的资金运动进行反映。它主要是指对会计主体已经发生或已经完成的经济活动进行的事后核算，也就是会计工作中记账、算账、报账的总称。

业务核算是指对企业经营业务和技术业务分别进行记录和计算，从而取得核算资料的一种核算方式。业务核算是指反映监督单位内部经济活动的一种方法，包括产品验收记录、生产调度表、任务分派单、班组考勤记录表等。所谓的业务核算，就是指单位在开展自身业务活动时应当履行的各种手续，以及由此而产生的各种原始记录。

物流企业内部间接统计信息中的会计核算资料由物流企业财务会计部门提供，业务核算资料由物流企业其他各相关职能部门提供，统计核算的历史资料由物流企业统计信息中心或综合统计部门提供。因此，包括统计部门在内的职能部门既是间接统计信息的生产者，也是间接统计信息的使用者。

2. 物流企业内部直接统计资料

物流企业内部直接统计资料是指由物流企业统计部门、各职能部门直接派统计人员或生产经营现象记录核算岗位的工作人员在物流企业生产经营现场直接记录、计算的数据信息。例如，领料单、派工单、加工单、发票、收据等原始数据，即按照一定表式对生产经营管理活动所做的初步记录。这些数据分门别类，整理形成各种统计台账；再根据生产经营需求编制成不同的统计报表。

二、统计调查的方法

统计调查方法是指统计调查者搜集统计资料的方法。采用恰当的方法和手段进行调查是实现调查目的的关键。只要调查手段恰当、调查方法科学，通过调查搜集来的统计资料才能及时、准确、全面地反映所调查的对象。

搜集统计资料的方法很多，包括观察法、询问法、报告法和问卷法。

(一) 观察法

观察法是调研人员凭借自己的眼睛或借助摄录像器材，在调研现场直接记录正在发生的市场行为或状况的一种有效的收集资料的方法。其特点是被调研者是在不知晓的情况下接受调研的。

1. 直接观察法

直接观察法是在现场凭借自己的眼睛观察市场行为的方法。

（1）顾客观察法：在市场中以局外人的方式秘密注意、跟踪和记录顾客的行踪和举动以取得调研资料的方法。

（2）环境观察法：以普通顾客的身份对调研对象的所有环境因素进行观察以获得调研资料的方法。此种方法是让接受过专门训练的"神秘顾客"作为普通的消费者进入其所调研的环境，其任务一般有观察其购物的环境和了解服务质量。

2. 间接观察法

间接观察法是借助于一定的仪器和设备对实物进行观察，以追索和了解过去所发生的市场行为的调研方法。

(二) 询问法

询问法是指将所拟调研的事项，以当面、电话或书面的不同形式向被调研者提出询问，以获得所需调研资料的方法。

1. 直接访问法

直接访问法也称为家庭访问法或个人访问法，指调研者与单个的被调研者面对面进行交谈收集资料的方法。

2. 电话访问法

电话访问法是指通过电话向被调研者询问有关调研内容和征询市场反应的一种调研方法。其基本程序是：① 根据调研目标和范围划分地区；② 每区确定要调研的样本单位数；③ 编制电话号码单；④ 按地区分给调研者，调研者一般利用晚上或节假日与被调研者通电话或采用全自动电话访谈。

3. 计算机辅助电话访问法

计算机辅助电话访问法是在一个中心地点安装设备，其软件系统包括自动随机拨号系统、问卷设计系统、自动访问管理系统、自动数据录入和简单统计系统四个部分。其特点是速度快、质量高、效率高、灵活性强。

(三) 报告法

报告法是由报告单位根据各种原始记录和核算资料,按照统一的表格以及填报要求,在规定的时间内,以一定的程序向有关单位提供统计资料的方法。目前广泛应用的统计报表就是这种调查方法。

在物流企业内部,报告法是搜集物流信息最常用的方法。各个部门利用各种原始记录和统计资料作为报告资料的来源,定期向经理提供物流信息。采用这种方法比较省时、省力,还可以促使被调查者建立健全的原始资料,但容易出现虚报瞒报的现象。

(四) 问卷法

问卷法是一种以问卷形式提问,被调查者自愿回答,然后调查者根据答案汇总而搜集资料的方法。

问卷法是应用范围比较广泛的一种调查方法。在统计研究中,问卷法可以与采访法、直接观察法同时使用。

这种方法关键在于精心设计问卷,为保证问卷调查的效果,提问要简明扼要,易于选择汇总。方法省时省力,但回收率较低,或者反馈的答案质量不高,就会影响数据的质量及结论的可靠性。

三、调查资料的质量控制

统计数据质量的好坏直接影响统计结论的客观性和真实性。为确保统计数据的质量,在数据的搜集、整理、分析等各个阶段都应尽可能减少误差。

1. 控制登记性误差的方法

(1) 正确制定调查方案,力求调查范围明确、调查项目解释清楚、方法科学适用。

(2) 加强统计调查人员的培训,准确理解统计工作的要求,提高调查技术水平。

(3) 认真贯彻统计法,加强法律观念,坚持实事求是,杜绝虚假。

(4) 做好统计基础工作,要求调查人员认真细致,多加审查,及时更正。

(5) 完善各种计量、测量工具,采用先进的科学技术手段。

2. 控制代表性误差的方法

代表性误差只有在非全面调查中才会产生。通常无法消除,但可以事先进行计算和控制。对于抽样调查,要严格遵守随机原则,通过调整样本容量、改进抽样的组织形式,达到控制抽样误差的目的。

第五节 调查数据的汇总整理

一、统计整理的含义

统计整理,就是根据统计研究任务的要求,对统计调查所搜集到的原始资料进行科学的加工整理,使之条理化、系统化,把反映总体单位的大量原始资料,转化为反映总体的基本统计指标。原始资料经过整理,可以提高调查资料质量和使用价值,使得收集到的资料更好地服务调查目标。

二、回收和检查问卷

按照事先调查方案的计划,尽量确保每份文件都是有效问卷。有效问卷,指的是在调查过程中按照正确的填答方式完成调查问卷。

调查问卷回收以后,调查员必须按照调查的要求,坚持审核问卷。筛出有错误填写的问卷,或者挑出填写不完整或不规范的问卷,保证数据的准确性。

错误填写即出现一些不合逻辑或根本不可能的结果,还有可能出现漏答问题。对于这种出现漏答的问卷,可以当作缺失值计。如果漏答数量大,这份文件只能当作废卷处理。

三、问卷编码与数据录入

(一)问卷编码

编码就是对一个问题的不同答案给出一个电脑能够识别的数字代码的过程,在同一道题目中,每个编码仅代表一个观点,然后将其以数字形式输入电脑,将不能直接统计计算的文字转变成可直接计算的数字,将大量文字信息压缩成一份数据报告,使信息更为清晰和直观,以便对数据进行分组和后期分析。这就使问卷编码工作成为问卷调查中不可缺少的流程,也成为数据整理汇总阶段重要而基本的环节。

问卷中的问题有两类:一类是封闭式问题,即在提出问题的同时,列出若干可能的答案供被调查者进行选择;另一类是开放式问题,即不向被调查者提供回答选项的问题,被调查者使用自己的语言来回答问题。

1. 封闭式问题的编码方法

事实上在调查问卷开始设计的时候,编码工作就已经开始了。因为有些问题的答案范围研究者事先是知道的,像性别、学历等。这样的问题,在问卷中以封闭问题的形式出现,被访者回答问题时只要选择相应的现成答案就可以了。

封闭式问题的调查问卷,在问卷回收后就可以直接录入电脑,这对调查来说是非常便捷有效的,所以正常的问卷调查都尽可能地使用封闭式问题。

例如,你平时选择快递企业的首要影响因素是?

A. 速度　　　　B. 质量　　　　C. 价格　　　　D. 服务态度

编码的时候就是以1表示速度,2表示质量,3表示价格,4表示服务态度。

2. 开放式问题的编码方法

一些问题问卷设计者在设计问卷时是不完全知道答案的,这样的问题在问卷中一般有两种形式:一种是只有问题没有备选答案,称作完全开放式问题;另一种是有部分备选答案同时还有要求被访者注明的"其他"选项,称作半开放式问题或隐含的开放式问题。

对于开放性问题,被访者需要用文字来叙述自己的回答。问卷回收后这些答案不能马上录入电脑,需要后期的人员对其进行"再编码"。"再编码"是为了方便数据处理,对原编码的有效补充,有时还是对原编码的调整修改。"再编码"往往伴随着重新归类分组,由于电脑对数字型数据的偏爱,以及某些统计分析程序只能处理数字型数据,因此经过再编码,数据处理更方便、更可行。

开放性问题的编码工作需要进行四个步骤才能进行数据的录入。

第一步:录入答案。由于录入技术的进步,传统上让调查人员对着问卷逐条寻找不同答案并列在一份大清单上的繁琐做法应当废止,而代之以全部录入答案,然后再按照下列步骤实施编码。

第二步:尝试用不同方法对录入的答案进行排序、归类(许多软件如 excel、foxpro、spss,甚至 word 的汉字版等都有按笔画和拼音排序的功能),并结合主观判断,然后合并意思相近的答案。并且对明显相同的答案统计其出现的次数。

例如,你觉得目前快递企业提供的服务需要改进的地方有哪些(表 2-3)?

表 2-3 快递企业需改进的服务

需要改进的地方	数 量
快递员态度要提高一点	10
快递公司的速度要更快	12
非常讨厌快递员板着脸	20
价格太高	15
希望快递的包装更好点	3
快递公司的网店应该更多点,比较好叫到	5
一些快递服务和价格不相称	10

第三步:编码人员及问卷设计者根据调查的目的对抄出的答案进一步归纳,形成类别数量适当的"编码表"。以上题为例,归纳的结果如表 2-4 所示。

表 2-4 编码表

合 并 问 题	编 码
提高员工面向顾客的服务态度	1
提高快递投递服务质量	2
价格太高	3

从"编码表"中可以看出,答案的数量减少了,每一个保留的答案是对实际填写的同类答案的总结。

第四步：调查人员根据"编码表"中的编码对所有开放题的答案进行逐一归类，并在每个问题旁边写上实际答案在编码表中对应的号码。

到此为止问卷上的文字答案经过归纳转变成了数字，方便录入人员的录入、统计。

四、调查数据的统计汇总

收到问卷后，需要对调查问卷进行统计汇总整理，统计汇总整理就是将调查问卷数据整理分配到各个组中去。统计汇总具体体现为计数、求和等活动。汇总方法有手工汇总和计算机汇总。

(一) 手工汇总

1. 划记法

划记法是事先设计好空白的分组统计表，然后对所有问卷中的相同问项的不同答案一份一份地进行查看，每找到一个数据分布在对应组的，就在该组的分布表栏内划一笔，每5笔一组（常用的划记符号为"正"字），全部问卷查看与划记完毕，即可统计出相同问项下的不同答案的次数，最后转录到正式的分组统计表上。划记法简单易行，数据不多时采用，需细心、准确，一旦出现差错，就无法纠正，得返工重来。这种方法只能汇总、计算出每个组内分配到的数据的个数，即各组单位数，而不能汇总、计算出每个组内所有数据的数值之和。即只能计数，不能计值。

2. 过录法

过录法又称"登记法""整理表法"，是将调查资料过录到事先设计好的整理表上，计算出各组的单位数及标志值的合计数，然后再编制统计表。

过录法与划记法的不同之处仅在于在分组表上将划记号改为抄录其值。

这种方法的优点是既能汇总单位数，也能汇总标志值；缺点是全部资料都要过录，工作量大，也容易产生过录差错。因此它适用于总体单位数不多、分组较简单的情况。

(二) 计算机汇总

随着科学技术发展，信息量爆炸式增长，对数据统计的挑战也在增加。利用计算机统计汇总，有助于提高数据汇总加工的速度和质量。

在利用计算机进行汇总时候，可以利用Excel和SPSS软件等。

下面我们用一个实例来利用计算机进行汇总整理的方法与具体步骤。

例如，你最常用的是哪一家的快递？

A. 申通快递 B. 圆通速递 C. 中通速递 D. 韵达快递 E. 顺丰快递

（1）将文件问题答案编码以后，按顺序录入Excel表格中，录入区域数据（图2-4）。

（2）选择"插入"，函数，找到"COUNT"（图2-5），计算选择快递企业的次数（图2-6）。

（3）通过"插入"，"图表"，选择"柱状图"，得出统计汇总结果（图2-7）。

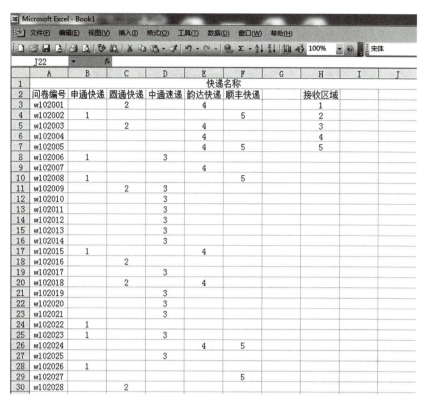

图 2-4　问题编码录入

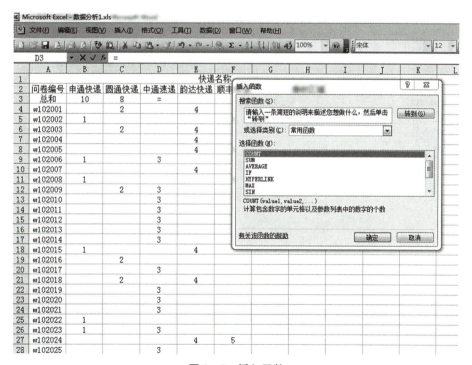

图 2-5　插入函数

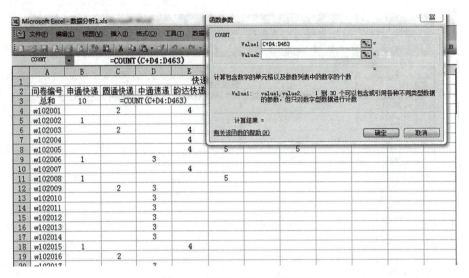

图 2-6 计算快递企业的次数

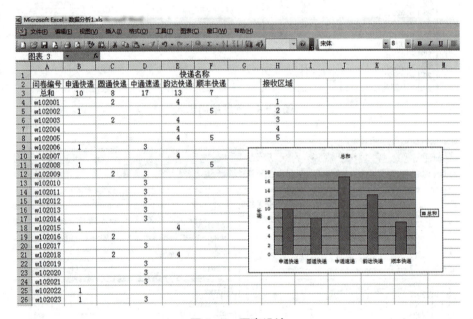

图 2-7 图表设计

五、对分组数据进行频数和百分比分析

根据调查研究的目的与要求,可以选择不同的统计分析方法。对变量取值研究,通常使用频数分析表(计算百分比)进行。

(1)频数:变量取值的个数或次数。

(2)百分比:表示该变量取值个数占总样本数的比例,即频率:(频数/样本总量)×100%。

(3) 频数分析表。将变量所有取值的频数和百分比列在一个表中,称为频数分析表。从中可以看出变量各个取值的分布情况。

在频数和百分比计算中,百分比大小比较是相对的概念,频数大小则是绝对数值。在调查分析报告中,利用百分比来说明结果,也需要频数辅以说明数据之间的差异。

第六节 调查报告撰写

撰写调查报告是整个调查活动的最后一个阶段,也是十分重要的一个阶段。调查数据经过统计分析之后,只是为我们得出有关结论提供了基本依据,只有将调查研究成果用文字形式表现出来,才能使调查服务于社会,因此调查报告是调查结果的集中表现。

一份高质量的调查问卷,要通过文字、图表等形式将调查结果表现出来,使读者对调查的现象或问题有一个全面系统的了解和认识。

一份优秀的调查报告,必须具备下列条件。

(1) 调查报告应结构严谨、语言简练、有说服力,词汇尽量通俗易懂。

(2) 调查报告应能让读者了解调查过程的全貌,并将调查过程中各个阶段收集的有关资料组织在一起。

(3) 调查报告应该对调查活动所要解决的问题提出明确的结论或建议。

一篇规范的市场调查报告,一般应该包含前言、主体和结尾三个部分,如表2-5所示。

表 2-5 物流市场调查报告

| 前言 |
| 　　标题 |
| 　　目录 |
| 　　委托信 |
| 　　摘要及小结 |
| 主体 |
| 　　引言 |
| 　　调查方法 |
| 　　调查结果 |
| 　　结论与建议 |
| 结尾 |
| 　　附录 |

(一) 撰写前言

1. 标题页

标题页的内容包括调查报告的题目或标题,文字应将调查内容概括出来,以及执行该项研究的机构名称、调查项目负责人的姓名及所属机构，标注报告的完稿日期。

2．目录

目录是将调查报告的内容以大纲形式列出。

3．委托信

委托信是调查客户在调查项目正式开始之前写给调查者或组织的。具体表明了客户对调查者的要求。

4．摘要及小结

摘要或工作小结应该尽可能精简表达，包括调查对象、研究范围、采用调查方法、调查结论与建议。

（二）拟写调查报告的主体

1．引言

通过引言可以使阅读者对报告有所了解，它包括对调查目的的陈述，还可以给出调查原因的必要背景信息。

2．调查研究方法

调查研究方法是描述如何进行调查、调查的对象是谁、采用哪种调查方法，指出用什么方法对调查资料进行汇总、整理和统计分析。一般情况下，调查方法不需要太长，只需要提供必要的信息，让阅读者了解调查数据要怎样收集和调查结论要怎样得出。

3．调查结果

调查结果部分是调查报告的主要内容。在一份调查报告中，调查结果应以陈述形式进行表达，并配以表格、图表，以进一步支持和加强对结果的解释，还要对图表中的数据资料所隐含的趋势、关系或归类客观地描述。

4．调查结论和建议

调查结论的提出方式可用简练的语言对调查研究前所提出的问题做明确的答复，同时简要引用有关背景资料和调查结果加以解释、论证。建议则是针对调查获得的结论，提出可以采取哪些措施、方案或具体行动步骤。例如，快递企业应该如何安排自己的营业网点，如何培训员工以提高客户满意度。

（三）撰写结尾（附录）

结尾部分由附录组成。附录是呈现与正文相关的资料，以备读者参考。附录的目的基本上是列入尽可能多的有关资料，这些资料可用来论证、说明或进一步阐述已经包括在报告正文之内的资料，每个附录都应有编号。

在附录中出现的资料种类包括调查问卷、抽样细节的补充说明、原始资料的来源、调查获得的原始数据图表。

本 章 小 结

物流市场调研就是以科学的方法、客观的态度，明确研究物流市场营销问题所需的信息，有效地收集和分析这些信息，为物流企业决策部门制定更加有效的营销战略和策略提供基础性的数据和资料。

物流市场调查方案设计，就是根据调查研究的目的和调查对象的性质，在进行实际调查之前,对物流相关对象调查工作总任务的各个方面和各个阶段进行的通盘考虑和安排,提出相应的调查实施方案,制定合理的工作程序。

调查方案的应该由调查目的、调查内容、调查范围及对象、调查方法、调查日程安排及调查预算等方面构成。

搜集统计资料的方法,包括观察法、询问法、报告法、问卷法。

调查数据的统计汇总包括回收和检查问卷、问卷编码、数据录入、数据的统计汇总、对分组数据进行分析。

调查问卷的内容包括:前言,含标题、目录、委托信、摘要及小结;主体,含引言、调查方法、调查结果和分析、结论与建议;结尾,含附录。

案 例 分 析

关于校园快递的调查分析

一、背景介绍

目前,在大学内提供服务的快递公司主要有申通快递、圆通快递、中通快递、韵达快递等,这些公司一般在大学校园内均设有业务代理点,为校园内师生收发快递提供了极大便利。据了解,校内的快递主要来自两个方面:一类是网上购物,是促进校园快递业迅速发展的主要原因;另一类是来自家人的快递,在各所大学里,师生来自祖国各地。

虽然很多物流公司已经在各大学校园开展业务,并有不少物流公司设点,但还远远没有达到供大于求的地步。据调查得知,师生了解物流公司的主要途径为网上购物。在电子商务平台日趋完善的今天,网购热潮势必愈演愈热,而其带来的将不仅是广阔的市场需求,更是在校园物流下的无限商机。据调查得知,现今物流公司虽然开始了校园内的物流业务,但不太重视校园快递业务,其运营模式和盈利能力还处于摸索阶段。

二、调查目的和方法

本次调研目的是了解学生的申通、圆通、中通、EMS 等快递使用现状,并在了解现状的基础上发现、总结影响快递发展的各方面因素、学生消费群体对快递各方面因素的评价和快递公司应该改进的地方。

调研时间:2012 年 12 月 24 日。

调研对象:各大校园部分学生。

分析方法:数据分组、分配数列、统计图、总量指标、相对指标、平均指标、标志变异指标、针对参数做区间估计和假设检验、相关系数、回归分析等共同进行数据分析。

本研究于 2012 年 12 月 24 日晚上进行问卷的编制,25 日晚上正式对问卷进行发放并收回。其中,纸质问卷 30 份、网络电子问卷 17 份,共 47 份,回收纸质问卷 28 份、网络电子问卷 12 份,共 40 份,有效纸质问卷 28 份、网络电子问卷 12 份,共 40 份。本文使用 SPSS 工具,结合数据分组、分配数列、统计图、总量指标、相对指标、平均指标、标志变异指标、针对参数做区间估计和假设检验、相关系数、回归分析等共同对校园快递问卷进行数据分析。

三、调研结果

(一) 网购学生占全体学生比例

在规模为 40 人的样本中,进行过网购的学生为 36 人,占总体比例的 90%,从未进行网购的学生有 4 人,占 10%(图 2-8)。

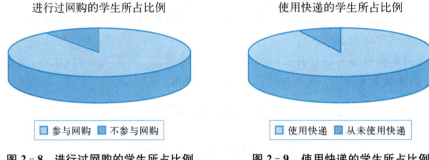

图 2-8　进行过网购的学生所占比例　　　图 2-9　使用快递的学生所占比例

(二) 使用校园快递的学生在全体学生中的比例

在规模为 40 人的样本中,进行过校园快递的学生为 37 人,占总体比例的 92.5%,从未进行网购的学生有 3 人,占 7.5%(图 2-9)。

可见,不仅仅是网购会使用快递,还有一小部分学生因为其他原因使用校园快递,总之,大部分学生使用过校园快递。

(三) 使用快递的时间分布

大学生每年使用校园快递频率分布,如表 2-6 所示。

表 2-6　使用校园快递频率

按时间分组	人　数	比例相对指标(%)
5 次以下	9	22.5
5—10 次	10	25.0
10—15 次	18	45.0
15 次以上	3	7.5
总　数	40	

根据上述结果,可见当代大学生中,基本所有的人均使用过快递服务,虽然大学使用的频率不定,但是根据比例相对指标可以得出,大学生每年网购 10—15 次占主要部分。

在调查中,网购的人数也是不在少数,所占比例为 90%,故此,调研认为大学生使用快递的原因可能是:随着大学生网络技术逐步的提高,越来越多的大学生对于平时的生活必需品和衣服等均会在网络上选择,所以增加了快递使用的频率。综上所述,大学生在校园快递的普及性和经常性上已经具有一定的规模。

(四) 大学生了解快递的途径

从表 2-7 中可以看出,大学生了解快递的途径中朋友介绍的人数最多。在使用过快递的同学中各有 5% 的大学生是通过查阅资料、广告宣传了解。因此可以得出:除了通过朋友介绍外,以加强广告宣传来进一步扩大快递的了解度,同时要一如既往坚持通过网上购物来促进快递的广泛使用。

表 2-7　大学生了解快递的途径

途　径	人　数	比例相对指标(%)
广告宣传	2	5
朋友介绍	26	65
网络媒体	6	15
书　籍	2	5
其　他	4	10

(五) 大学生主要选择的快递以及原因分析

在使用快递的学生中,调查显示选择圆通的学生占一半以上的人数,其中选择圆通的原因最主要的是圆通快递的运送速度快;其次为申通快递,选择申通的原因也都是运送速度快(图 2-10)。可对于这两家快递的运送速度相比,大学生还是更青睐于圆通。

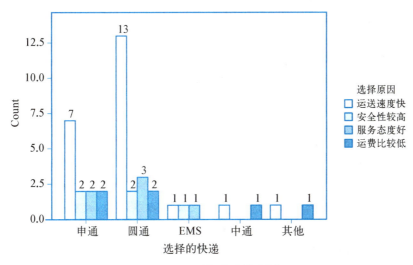

图 2-10　选择快递的比例

从图 2-10 可以看出,针对上面的每一项对大学生来说都是最重要的。最主要还是要看商品的完好程度,其次是费用价格。

(六) 大学生接收和寄发快递的方式

在使用快递的学生中,调查显示对于寄发方式,大部分学生比较青睐于到学校固定的代理点进行寄发邮件,而对于接收方式,大部分学生还是青睐于到指定地点进行接收(图 2-11)。

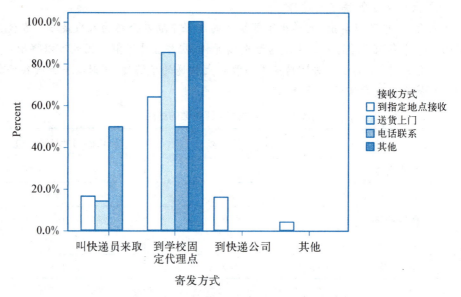

图 2-11　寄发方式和接收方式的比例

针对选择不同的快递方式,对于邮件的寄发与接收也有着不同的看法。总体来说,大学生对于寄发方式为到学校固定代理点,选择了比较安全的寄发方式,而对于接收邮件,大学生大部分选择到指定地点接收,即一些快递在学校校园内设立的代理点,可见代理点的设立为大学生提供了很大的便利,也让大学生对于邮件的安全性有一定的保障。

（七）校园快递的收费标准

针对价格,进行部分统计内容的计算,从而对校园快递市场进行全面的数据分析,方便大家更加直观地了解快递市场。

根据数据显示,可以分析出当代大学生对全国境内的快递价格反应。有40%的大学生认为全国境内的快递价格设在10元的价格是比较合理的,32%的大学生认为15元的全国境内价格是可以接受的,24%的大学生认为20元的价格就有些稍微偏贵了,但是要是邮寄的地区过于偏远的话,在15—20元的价位也是可以接受的。最后只有5%的大学生认为全国境内的快递价格为25元是可以接纳的,大多数的人还是接受不了这个价位的。

据调查显示,大学生认为快递公司服务的决定因素,主要有寄存服务、送货速度、财务安全等方面。快递主要讲求的是送货速度,同样是大学生快递市场中最重要的决定因素之一。有14人认为寄送服务不到位是最重要因素之一(表2-8)。

表 2-8　大学生眼中校园快递的需增服务

	人　数	比　例(%)	累加百分比(%)
送货速度	13	32.5	32.5
财务安全	9	22.5	55.0

续 表

	人　数	比　例(%)	累加百分比(%)
包装服务	4	10.0	65.0
寄存服务	14	35.0	100.0
总　　数	40	100.0	

四、调查结论和建议

(一) 存在的问题

根据有关数据统计,大学生快递市场已经成为快递公司的必争之地,在如今的大学生中,快递的使用数量更是以直线式的速度增长着。在物流快递这个市场,准入门槛低、缺乏有效监管等因素造成了该行业的服务水准良莠不齐。在大学生校园里,经常出现这样的事情:快递公司可能没有按时将邮件送达;快递公司递送的包裹出现了破损,而快递行业的人员服务水平普遍偏低。例如,快递行业经常会有快递员送邮件来,不允许群众先检查邮件是否有缺损,而必须签字签收,之后就不负责任,即使签收后学生发现邮件存在问题也没办法证明自己的邮件在快递处就发生了问题,因而没有办法通过法律途径保护自己的合法权益。

对于大学生追求的快递,就是财物安全、服务态度、快递的速度等内容,可依照目前来看,情况不容乐观。对于大学生校园快递,不能完全满足大学生的快递需求,甚至根本无法达到基本要求,形成大学校园快递的缺憾。

校园快递的宣传力度不够,造成使用的人数不能达到最高,而对于校园快递这个大市场,没有一定的宣传力度,必然会丧失一些机会,丢失一大批市场。

(二) 针对问题提出建议

快递公司应该加强信息化建设,利用服务网络,采用科学的订单处理系统,加快配送的速度。要做到及时处理订单信息,及时发货,规划出最合理的配送路线,使其能在最短的时间里把货物送到消费者手上。减少在途运输时间,从整体上提高配送的速度。

对于学校代理点的设立,应在学校周围增设代理点,方便学生取件,同时,需要增加学校代理点的服务人员,从而加快取件、寄件的速度,提高生产效率,降低物流成本,提升客户满意度。

改善服务人员的服务态度。快递服务的态度不好,已经成为学生心中对快递最大的印象,快递公司应加强对快递人员的培训,以提高快递人员的素质,培养快递人员的服务意识,提高服务的质量,进而提升快递行业准入门槛。

提高售后理赔服务。售后服务也是影响客户满意度的关键因素,因此,快递公司需要做好它的理赔工作和售后其他事项的处理,以赢得更多的顾客,从而赚取收益。对于此问题,快递公司可在服务结束后对顾客进行调查反馈,向同学发放调查问卷,对出现的问题及时进行研究并提出解决方案。

(三) 结论

随着网上购物、不同地区间简单包裹的传送等模式的快速发展,相应的快递业务也呈现出火热发展的场面。大学生主要看中的是快递的效率、费用和其服务态度问题,然后是理赔问题。这些因素都决定了大学生选择快递的倾向。根据分析得出,若快递行业在其效率、费用、服务态度、理赔等方面大大改善时,校园快递的提升空间会更大。这次问卷调查主要针对对象为部分在校学生,调查对象不够全面,对于校园快递的现状应该进行更为缜密的分析,对于校园快递未来的发展只能起一个参考作用。

校园快递业务给大学生的生活带来了很大的便利,虽然目前的快递市场还不是很完善,但是随着市场的不断发展,以及公众对快递业务不断地深入了解,快递业务也必将全方位地达到一个新高度。

附件

请把你的件,带回你的家,请把你的微笑留下
——校园快递调查问卷

亲爱的同学:

您好!我是北京化工大学北方学院的一名学生,为了了解大学生使用快递的情况及其满意度和期望,帮助快递公司有针对性地改进快递公司服务,我们正在做关于大学生网络消费行为的调查问卷。大约只会耽误你15分钟的时间。请根据自己的实际情况填写,你的回答将代表众多与你一样的青年朋友,结果只作为研究之用,我们会对您的回答严格保密,相信你会认真完成!在答题过程中,如果有任何疑问,请随时向我们的调查人员询问。

谢谢您的合作!

1. 您的性别:(　　)
   A. 男　　　　　　B. 女
2. 您所在的年级:(　　)
   A. 大一　　　　　B. 大二　　　　　C. 大三　　　　　D. 大四
3. 您是否进行网购:(　　)
   A. 是　　　　　　B. 否
4. 您是否使用校园内的快递:(　　)
   A. 是　　　　　　B. 否
5. 您平均每年使用校园快递时间:(　　)
   A. 5次以下　　　 B. 5—10次　　　 C. 10—15次　　　 D. 15次以上
   若第5题回答"是",请继续回答第6题;若第5题回答"否",请直接到第14题作答。
6. 您在物流中通常邮寄的物品是:(　　)
   A. 衣服饰品　　　B. 食品　　　　　C. 数码　　　　　D. 贵重物品
   E. 其他
7. 在您邮寄的物品中,通常会选择的快递是:(　　)
   A. 申通　　　　　B. 圆通　　　　　C. EMS　　　　　D. 中通
   E. 其他

8. 您选择这家快递的原因是：（　　）
A. 运送速度快　　B. 安全性较高　　C. 服务态度好　　D. 运费比较低
9. 您使用校园快递时物品完整度如何：（　　）
A. 完整整洁　　B. 大部分完整　　C. 大部分破损　　D. 很破损
10. 您在邮寄中通常采用接收快递的方式：（　　）
A. 到指定地点接收　　　　　　B. 送货上门
C. 电话联系　　　　　　　　　D. 其他
11. 您在邮寄中通常采用寄发快递的方式：（　　）
A. 叫快递员来取　　　　　　　B. 到学校固定代理点
C. 到快递公司　　　　　　　　D. 其他
12. 您是否要求校园快递由收件人亲自签收：（　　）
A. 坚决要求　　　　　　　　　B. 没办法则要求代收
C. 无所谓　　　　　　　　　　D. 第三方代收
13. 您是否为取快递的"不定时性"（不准时，地点不固定）而感到烦恼：（　　）
A. 是　　　B. 否

关于校园快递的感受，请您回答下列问题。
14. 您通过了解校园快递的途径是：（　　）
A. 广告宣传　　B. 朋友介绍　　C. 网络媒体　　D. 书籍杂志
E. 其他
15. 您认为在校园快递是否混乱：（　　）
A. 很正规　　B. 比较正规　　C. 比较混乱　　D. 很混乱
16. 您认为产生校园快递这种现象的原因是：（　　）
A. 所在地方偏僻　　B. 货物摆放凌乱　　C. 快递不够安全　　D. 代理态度差
17. 您认为校园快递的效率如何：（　　）
A. 很不错　　B. 一般　　C. 较低　　D. 很低
18. 您认为校园快递的收费标准合适的价格：（　　）
A. 10—15元　　B. 15—20元　　C. 20—25元　　D. 25元以上
19. 校园快递决定因素中最重要的是：（　　）
A. 送货速度　　B. 价格低廉　　C. 服务态度　　D. 物品保障
20. 您认为校园快递需要增值的服务（可多选）：（　　）
A. 送货上门　　B. 财物安全　　C. 包装服务　　D. 寄存服务
21. 您认为现在校园快递普遍存在的问题有：（　　）
A. 收费过高　　B. 程序复杂　　C. 送货速度慢　　D. 服务态度差
E. 其他

22. 您认为校园快递对您生活、学习有何影响？

23. 针对校园快递，您认为有什么需要改进？

再次感谢您的合作，祝您学习顺利！

第二篇　物流统计职能篇

- 第三章　物流仓储统计分析
- 第四章　物流运输统计分析
- 第五章　物流包装统计分析
- 第六章　物流配送统计分析

第三章 物流仓储统计分析

引导案例

美的安得物流，推进绿色仓储管理

安得物流作为美的集团旗下的大型综合性物流企业，围绕着"节能减排、绿色环保"的总体目标，于2008年开始了对"绿色仓储"的探索。通过优化仓储布局、投入专业设备及工具、推动无纸化办公等，安得物流在绿色仓储方面取得了长足的发展，成为现代"绿色物流"的倡导者和先行者。

一、优化仓储布局

要想打造绿色物流，就要对仓储进行合理的布局与规划。合理的仓储布局，能够有效节约运输成本。布局过于密集，会增加运输的次数，从而增加资源的消耗；布局过于松散，则会降低运输的效率，增加空载率。

目前，美的集团安得物流在全国范围内拥有200多个服务网点，同时正在全国33个主要城市规划及筹建综合物流园区，目标直指优化国内主要经济区域间的物流运输环境，从而提升物流运营的整体效率。合理的仓储布局让安得物流的仓库货物运输成本降到最低，也为客户节省了不少运输成本，受到了众多客户的认可。

二、投入专业设备及工具

在仓储环境中，叉车尾气排放对环境污染尤为明显。当前，美的集团安得物流管理的仓储面积超过400万平方米，这显然需要大量的专业物流设备及工具。为进一步推进绿色物流，安得物流累计投入350多台纯电动叉车及托盘车（平均每台电动设备采购成本是油动设备的2—5倍），直接减少油动叉车的使用率。先进物流装备的使用，使得安得物流能够尽可能减少燃油叉车尾气的排放，实现了环境的有效保护。

三、推动无纸化办公

高度的电子信息化能够实现无纸化办公，有助于节约资源、保护环境。据了解，RF技术是推进物流信息化进程中的一种技术手段，能够实现物流信息的高度共享，从而在很大程度上减少办公用纸，进而实现无纸化办公。为此，美的集团安得物流通过投入巨额资金大力发展RF技术，目前安得物流已经顺利完成150万平方米仓库的RF应用。

仓储是物流的重要环节，要实现绿色物流，绿色仓储的建设是必不可少的。当前"绿色物流"还处于概念培育阶段，许多物流企业尚未完全建立起发展绿色物流的概念。作为现代物流的佼佼者，美的集团安得物流在建设绿色仓储的路上，已经走在行业的前头。

资料来源：中国物流与采购网，http://www.chinawuliu.com.cn/。

讨论题

1. 试结合实际分析如何优化仓储布局。
2. 在实际运用中,如何对物流仓储进行统计分析,在尽可能降低仓储成本的同时,实现绿色物流仓储管理。
3. 物流信息化在物流仓储过程中起到什么作用?如何实现物流仓储的高度共享信息化?

学习要点

1. 了解物流仓储的概念、功能和分类。
2. 掌握物流仓储的相关统计指标以及计算公式。
3. 理解仓储管理的基本理论以及相关的库存管理方法。
4. 熟练运用库存数据分析的预测方法。
5. 结合实际,掌握库存管理过程中的相关指标分析。
6. 熟练运用 Excel 软件对库存管理的相关数据进行分析。

重点与难点

1. 物流仓储统计指标;库存管理方法;库存需求预测方法。
2. 库存管理过程中的相关指标分析。
3. ABC 库存管理方法。
4. 库存需求预测方法。

本章导语

物流仓储统计是对仓储过程中的各项数据进行准确的统计记录,通过科学量化分析,及时反映物流仓储的运营情况,使企业能够充分利用仓储资源,提供高效的仓储服务。同时,仓储统计也为仓储决策提供了数据支撑,避免企业决策趋向盲目,从而有效提高物流仓储效率,降低企业物流成本。

第一节 物流仓储概述

一、仓储的概念

仓储是指通过仓库对暂时不用的物品进行储存和保管。根据中华人民共和国国家标准《物流术语(修订版)》(GB/T 18354—2006)的定义,仓储是利用仓库及相关设施设备进行物品的入库、存储、出库的活动。其目的在于通过克服产品生产与消费之间的时间差异获得更好的效用,为产品创造更多的时间价值。

随着社会经济的不断发展,仓储不再是简单的储存和保管物资,更是物资生产过程的延续,在物流系统中起着缓冲、调节与平衡的作用。有效的仓储管理可以为企业降低运输和生产成本,调节供求关系,满足企业的生产和营销需要,从而提高客户服务质量,增加企业收益。

二、仓储的功能

(一) 储存和保管功能

对物品进行储存和保管是仓储最基本的功能。存储和保管是为了解决物品生产与消费的平衡问题。在储存和保管物品过程中,应根据货物的具体性质选择恰当的储存方式,避免物品在仓储过程中发生损耗、变质或丢失。

(二) 拼装、分类功能

拼装和分类是满足顾客需求、实现合理仓储的基本功能。当不同工厂指定送往某一特定顾客的物品,应将其统一拼装成单一的一票装运来降低运输成本。针对来自制造商的组合订货,则应在分类仓库或分类站将货物分类或分割成个别的订货,安排运输部门负责递送。

(三) 流通、加工功能

仓库可以通过承担加工或参与少量的制造活动,如在货物进入市场前进行物品分装、包装、初级加工、组装、质检等程序,从而缩短物品的后续工作时间,增加货物的流通速度、节约运营成本。

(四) 配送功能

提供配送服务的仓库通常为制造商、批发商和零售商所用,仓库根据客户需求进行相应的物品组配与送货活动,即将商品进行分拣、组配、包装和配发等作业后送货上门。

(五) 信息传递功能

信息传递是日常仓储管理工作的基础,也是进行物流调度的重要手段。现代化计算机和互联网为仓储信息高效传递提供了便利,同时通过电子数据交换(EDI)和条码技术也提高仓储物品信息的传输速度,能够及时准确地获取仓库信息,如存货水平、产量水平、进出库情况、客户信息等。

三、仓储的分类

尽管仓储的基本任务都是储存和保管物品,但根据不同标准进行分类后的仓储具有不同的性质。准确地进行仓储分类,有利于正确认识仓储的主要任务,为仓储管理工作提供便利。通常,将仓储按经营主体、仓储对象、功能、处理方式不同进行分类,如图3-1所示。

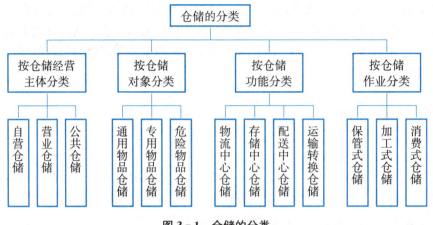

图 3-1 仓储的分类

四、仓储的发展趋势

从原始简单的人工仓储到现在多维智能仓储,仓储经历了不同的阶段。通过发展流通加工业务以及标准化的管理,仓储服务质量逐步提高,仓储产业化、标准化发展已成为仓储发展的必然趋势,未来也将为企业赢得更多的收益。仓储现代化是仓储效率提高的重要手段,运用电子计算机辅助仓储管理,帮助实现仓储业务管理、库存控制、作业自动化控制以及信息处理的自动化操作。随着人工智能技术的发展,自动化仓储技术将向更高阶段发展,未来智能仓储技术将具有广阔的应用前景。

传统仓储管理模式普遍存在人力成本偏高、业务流程多、货品跟踪困难、资金和货品周转效率较低、物流管理的信息和手段落后等缺点。随着社会发展水平的不断提高,尽管仓储始终离不开传统的存储与保管业务,但传统的仓储活动已无法满足人们的需求。

第二节 物流仓储统计指标

物流仓储统计是仓储管理的基础,只有通过对仓储过程中的各项数据进行准确的统计分析,才能更加深入了解企业仓储的实际情况。通过简单科学的量化分析,一方面便于企业及时了解物流仓储的运营情况,使企业能够充分利用仓储资源;另一方面,企业通过统计分析能够进一步挖掘自身潜力,提高运营效率和服务质量,从而增加经营收益。也就是说,仓储统计在一定程度上为仓储决策提供数据支撑,避免企业决策趋向盲目,最终降低企业物流成本。

物流仓储统计指标是进行仓储统计分析的前提和基础,因而如何合理设计仓储统计指标显得尤为重要。本书将物流仓储统计指标概括为五部分内容,分别为仓储基本指标、仓储设施与设备指标、仓储能力指标、仓储服务质量指标和仓储成本收益指标,具体见表 3-1。

表 3-1　物流仓储统计指标体系

一级指标	二级指标
仓储基本统计指标	1. 货物接运量 2. 货物待检量 3. 货物检验量 4. 平均验收天数 5. 货物进库量 6. 货物出库量 7. 货物待发量 8. 货物发运量
仓储设施与设备统计指标	1. 仓库面积 2. 仓库利用率 3. 仓库设备数量 4. 设备利用率 5. 设备完好率 6. 仓库的现代化程度系数
仓储能力统计指标	1. 货物吞吐量 2. 货物库存量 3. 货物出库周转速度 4. 库存周转率 5. 仓库储存能力实现率 6. 仓库承载能力利用率
仓储服务质量统计指标	1. 货物收发正确率 2. 货物缺货率 3. 物品完好率 4. 货物缺损率 5. 货损货差赔偿费率 6. 准时交货率 7. 账货相符率 8. 顾客满意率
仓储成本收益指标	1. 仓储吨成本 2. 仓储收入 3. 平均仓储成本 4. 资金利用率 5. 利润总额

一、仓储基本统计指标

（一）货物接运量

货物接运量亦称接入货物吨数，是指仓储单位在各分界站由其他地方接入的货物数量的总和（包括外地发送到本地的输入运输量和外地发送经由本地到达外地的通过运输量）。

(二）货物待检量

货物待检量是指在仓库储存货物中还未检验的货物数量。对于单批次或多批次货物,在货物入库后,对货物的验收检查过程中,在特定时间节点内总共待检量减去已检货物量即为货物待检量。

(三）货物检验量

货物到库后,仓库收货人员首先要检查货物入库凭证,然后根据入库凭证开列的收货单位和货物名称与送交的货物内容和标记进行核对。对货物数量、外观质量、包装,运用感官检验和理化试验的方法进行检验,对不同的货物实行全检或抽检,根据检验情况填写验收数量。

(四）平均验收天数

货物到站后,由仓库收货检验人员进行检查,在特定时间节点内分别统计每批次到货检验天数,用到货批次数除以总检验天数而得到平均验收天数。

(五）货物进库量

货物进库量指的是仓储单位接收货物吨数,仓储单位接收由其他地方发来的货物数量的总和（不包括越库货物,即只将仓储单位作为中转地,中转货物并不做入库处理的货物数量）。

(六）货物出库量

货物出库量指的是输出货物吨数,仓储单位输出到其他地方的货物数量的总和（不包括越库货物数量）。

(七）货物待发量

货物待发量指的是仓储单位储存货物中需要发往其他地方的货物数量总和（包括仓储单位仓库中储存需发送的货物,但不包含越库货物发送数量）。

(八）货物发运量

货物发运量亦称发出货物吨数,是指由仓储单位发往各分界站的货物数量的总和（包括仓储单位的输出运输量和外地发送经由本地到达外地的通过运输量）。

二、仓储设施与设备统计指标

(一）仓库面积

仓库面积包括存储面积和辅助面积,存储面积是指货架和作业通道实际占用面积;辅助面积是指收发、分拣作业场地、通道、办公室和卫生间等需要的面积。

(二）仓库利用率

仓库利用率是衡量仓库利用程度的重要指标,其能很好地反映仓库管理工作水平高低以及仓库的实际利用效率。它包括仓库面积利用率和仓库容积利用率两个指标。其计算公式为

$$仓库面积利用率 = \frac{报告期物品实际堆放面积}{期内仓库总面积} \times 100\% \qquad (3-1)$$

$$仓库容积利用率 = \frac{报告期平均每日使用的仓库容积}{期内仓库的有效容积} \times 100\% \quad (3-2)$$

(三) 仓库设备数量

仓库设备数量是指在报告期内仓库中所有服务于仓储需要的设备数量,包括装卸搬运设备、货架、托盘、计量设备等。

(四) 设备利用率

设备利用率是指每年度设备实际使用时间占计划用时的百分比,即设备的使用效率。设备利用率可以快速直观地反映设备的工作状态及生产效率。企业的投资效益和设备能否充分利用呈正相关,因而提高设备利用率,企业的产品成本则随之降低。其计算公式为

$$设备利用率 = \frac{设备作业总台时}{设备应作业总台时} \times 100\% \quad (3-3)$$

(五) 设备完好率

设备完好率是指根据各类设备完好标准,检查后报告期内企业完好的生产设备占全部生产设备的比重,该指标反映了企业设备的运行状况及可使用率,便于及时更新设备。其计算公式为

$$设备完好率 = \frac{报告期设备完好台数}{同期设备总数} \times 100\% \quad (3-4)$$

(六) 仓库的现代化程度系数

仓库的现代化程度系数是指自动化仓库面积占仓库总面积之比。其计算公式为

$$仓库的现代化程度系数 = \frac{自动化仓库面积}{仓库总面积} \times 100\% \quad (3-5)$$

三、仓储服务质量统计指标

(一) 货物收发正确率

货物收发正确率是指报告期内吞吐量减去货物出现差错的数量之后占货物总吞吐量的比率,该指标反映了仓库收发货的准确性。其计算公式为

$$货物收发货正确率 = \frac{报告期吞吐量 - 报告期出现差错数量}{报告期内吞吐量} \times 100\% \quad (3-6)$$

(二) 货物缺货率

货物缺货率是指报告期缺货的次数与客户订货次数的比值。及时掌握货物缺货率,便于企业快速反应,及时补充货源,保证客户需求。同时,通过货物缺货率的计算可以判断当前库存控制决策是否适宜,是否需要调整相应的库存策略。此项指标可以用来衡量仓储业仓库库存分析的能力和及时组织补货的能力。其计算公式为

$$\text{缺货率} = \frac{\text{缺货次数}}{\text{客户订货次数}} \times 100\% \qquad (3-7)$$

$$\text{服务水平} = 1 - \text{缺货率} \qquad (3-8)$$

(三) 物品完好率

物品完好率是指物品在储存过程中,未出现短缺、损坏现象的物品数量所占的比重。物品完好率的高低体现了企业仓储服务的质量水平。物品完好率越高,企业服务质量越好;反之,则越差。其计算公式为

$$\text{物品完好率} = \frac{\text{报告期物品入库量} - \text{出现缺损物品数量}}{\text{报告期物品入库数量}} \times 100\% \qquad (3-9)$$

(四) 货物缺损率

货物缺损率是指货物在储存过程中,出现短缺、损坏现象的货物数量所占的比重。该指标反映了企业货物保管与养护过程中的实际情况,货物缺损率越低,仓储服务质量越好。其计算公式为

$$\text{货物缺损率} = \frac{\text{报告期货物缺损量}}{\text{报告期货物入库量}} = 1 - \text{物品完好率} \qquad (3-10)$$

(五) 货损货差赔偿费率

货损货差赔偿费率是指报告期内货损货差赔偿费占同期业务收入的百分比,该指标反映了仓库履行存储合同的质量以及出货作业的精准度。其计算公式为

$$\text{货损货差赔偿费率} = \frac{\text{货损货差赔偿费总额}}{\text{同期业务收入总额}} \times 100\% \qquad (3-11)$$

(六) 准时交货率

准时交货率是指报告期内准时交货的次数占其总交货次数的百分比。该指标反映了满足客户需求的服务水平,一般按月计算。其计算公式为

$$\text{准时交货率} = \frac{\text{准时交货次数}}{\text{总交货次数}} \times 100\% \qquad (3-12)$$

(七) 顾客满意率

客户满意率是指对物流仓储服务满意的客户占全部调查客户的比例,用以测评顾客满意程度以及反映企业服务质量水平的方法。其计算公式为

$$\text{客户满意率} = \frac{\text{满意客户数量}}{\text{调查客户总数}} \times 100\% \qquad (3-13)$$

(八) 账货相符率

账货相符率是指报告期内仓库物品保管账面上的货物仓储数量与相应库存数量的比值。在对仓储物品进行盘点时,需要对照保管账面数字与货物进行核对,该指标是反映企业仓储管理水平高低的重要指标。其计算公式为

$$\text{账货相符率} = \frac{\text{账货相符数}}{\text{储存物品的总数}} \times 100\% \tag{3-14}$$

四、仓储能力统计指标

(一) 货物吞吐量

货物吞吐量是指报告期内货物的入库量与出库量之和。货物吞吐量的大小是企业自身生产经营成果的体现,同等条件下的仓储部门,吞吐量越大企业的经济收益越高。其计算公式为

$$\text{货物吞吐量} = \text{总入库量} + \text{总出库量} \tag{3-15}$$

(二) 货物库存量

货物库存量是指企业仓储部门储存货物的数量。该指标反映了仓库的储存能力及利用情况。货物库存量有期末库存量和平均库存量两种核算指标。

期末库存量是指报告期末(通常指月末或年末)仓库储存货物的数量。平均库存量是指报告期内仓库储存货物的平均值。通常用日平均库存量或年平均库存量表示。该指标反映了仓库平均库存水平和库容利用状况。

(三) 货物出库周转速度

周转速度是反映仓储工作水平的重要效率指标。周转速度通常用周转次数和周转天数来表示。其计算公式为

$$\text{周转次数} = \frac{\text{报告期货物周转量}}{\text{报告期平均库存量}} \tag{3-16}$$

$$\text{周转天数} = \frac{\text{报告期日历天数}}{\text{周转次数}} \tag{3-17}$$

其中,

$$\text{周转次数} = \frac{\text{总发货量}}{\text{平均储存量}}$$

(四) 库存周转率

库存周转率是指报告期内企业出库金额与库存平均资金占用额的比率。库存周转率通常用以衡量和评价企业购入库存、投入生产、销售收入等各环节的管理效率,它能充分反映企业库存的变现能力以及企业销货能力和管理库存水平的高低,库存周转率高,营运资金占用的库存资金就低,企业的变现能力就强,效率就高。其计算公式为

$$\text{库存周转率} = \frac{\text{报告期出库总金额}}{\text{期内平均库存金额}} \times 100\% \tag{3-18}$$

$$\text{库存周转率} = \frac{\text{报告期出库总金额} \times 2}{\text{期初库存金额} + \text{期末库存金额}} \times 100\% \tag{3-19}$$

(五) 仓库储存能力实现率

仓库储存能力实现率是指报告期内实际吞吐量与仓库设计吞吐量之比,该指标可

用于设定产品标准库存的比率依据。其计算公式为

$$仓库储存能力实现率 = \frac{报告期实际吞吐量}{仓库设计吞吐量} \times 100\% \qquad (3-20)$$

(六) 仓库承载能力利用率

仓库承载能力利用率是指报告期内仓库实际承载量与仓库设计承载量之比,该指标可用于考察仓库的综合利用率。其计算公式为

$$仓库储存能力实现率 = \frac{报告期内实际承载量}{仓库设计承载量} \times 100\% \qquad (3-21)$$

五、仓储成本收益指标

(一) 仓储吨成本

仓储吨成本是指保管每吨货物一个月所需的费用开支,包括货物出入库、验收、存储和搬运过程中消耗的材料、燃料、人工工资和福利费、固定资产折旧、修理费、照明费、租赁费,以及应分摊的管理费。其计算公式为

$$仓储吨成本 = \frac{仓储费用}{库存量} \qquad (3-22)$$

(二) 仓储收入

仓储收入水平指报告期仓储各项收入的总和。平均仓储收入是指报告期内仓储保管一吨物品的平均收入,该指标常以月度为时间计算单位。其计算公式为

$$仓储收入 = 物品进库装卸收入 + 物品仓储保管收入 + 物品加工等收入$$

$$平均仓储收入 = \frac{仓储收入总额}{平均储存量} \qquad (3-23)$$

(三) 平均仓储成本

平均仓储收入指报告期内储存一吨物品所需支出的成本额,常以月度或年度为计算时期,单位是元/吨。其计算公式为

$$平均仓储成本 = \frac{仓储成本总额}{平均仓储量} \qquad (3-24)$$

(四) 资金利用率

资金利用率是指仓储企业报告期内实现的利润总额占全部资金的比率。报告期内资金的计划支出与实际到位情况,在时间及数量上的使用效率值即为资金利用率。其计算公式为

$$资金利用率 = \frac{利润总额}{固定资金平均占用额 + 流动资金平均占用额} \times 100\%$$

$$(3-25)$$

(五)利润总额

利润总额是指仓储企业在报告期内已实现的全部利润,包括仓库实现的营业收入扣除储存费用、税金、其他业务利润、营业外收支净额后的总额。其计算公式为

$$利润总额 = 仓库营业收入 + 营业外收入 - 仓储营业支出 - 营业外支出 - 税金 + 投资净损益 \quad (3-26)$$

其中,投资净损益是仓库用各种资源在企业外投资。营业外收入与仓储企业本身的生产无直接关联,属于计划外收益,包括逾期包装物的押金没收收入和罚款的净收入和其他收入等。营业外支出包括企业搬迁费、编外人员的生活费、停工损失、呆账损失、生活困难补助等。

第三节 优化仓储管理

企业要提高自身的仓储运营效率,必须对库存货物进行有效的管理和控制。合理的库存管理方法既能保证对企业的库存进行分类及重点管理,在优化货位的同时,提高分拣及盘点的作业效率。此外,还能为确定订货时间以及订货数量提供支撑,通过减少采购次数及管理费用来降低企业的库存成本。目前,常用的库存管理方法有两种,分别为 ABC 分析方法和 CVA 库存管理方法,两者各有优势及缺陷。

一、ABC 库存管理方法

(一) ABC 分析法原理

ABC 分析法源于帕累托曲线,其核心思想为关键的少数和次要的多数。在物流仓储过程中,企业的库存物资品种繁杂,每个库存品种的数量和价格均不同,因而对其保管要求也参差不齐。由于企业资源有限,因此在库存控制时,应该将注意力集中在重要的物资上,依据库存物资的重要程度分类管理。ABC 分析法就是运用统计方法,对企业物资按其重要程度、价值高低、资金占有大小进行分类排序,从而分清主次、抓住重点分别加以控制。

(二) 分类标准及策略

ABC 分类管理的具体划分标准目前并没有统一的规定,具体实施要根据企业、仓库的具体情况和企业经营者的目标来确定。从现有的经验数据来看,一般可按物资年消耗金额中所占的比重来划分,如表 3-2 所示。

表 3-2 ABC 库存管理物资分级

物资级别	物资品种数(%)	年消耗金额比重(%)
A	10—20	60—80
B	20—30	20—30
C	50—70	5—15

根据 ABC 物资级别的划分，企业在充分了解所管物资的情况后，应根据每级产品的特性采取不同的管理策略。一般分类管理策略可参照表 3-3。

表 3-3 ABC 分类管理策略

级别	特　　点	策　　略
A	品种数量少，金额比重大	降低库存水平，提高库存周转，准确预测需求
B	品种数量一般，金额比重一般	适当控制库存水平，采取简便库存管理
C	品种数量多，金额比重低	减少管理步骤和时间，进行简单的盘查和记录

(三) ABC 库存管理步骤

对仓储物资进行 ABC 库存管理前，应收集相应的特征数据。以库存控制涉及的物品为例，如对库存物品的销售额进行分析，则收集年销售量、物品单价等数据。同时，对收集的数据进行加工，并按要求进行计算和汇总。具体步骤如下。

(1) 计算每种物品的年耗金额。
(2) 将物品按照年耗金额由大到小排序。
(3) 计算每种物品占用金额占库存金额的比率。
(4) 计算累计比率。
(5) 制作 ABC 分析表。

通过 ABC 分析表，进而绘制 ABC 分析图。分别以累计物品类数占总物品类数百分数为横坐标，以累计年消耗额占总金额百分数为纵坐标。

【例 3-1】 某企业持有 10 种物资的库存，表 3-4 为该企业报告期内的物资基本信息表。如何对该企业物资进行合理的分类管理？

表 3-4 物资基本信息表

物资编码	单价/元	年消耗数量/件
1	20.00	458
2	40.00	1 383
3	5.00	250
4	10.00	184
5	5.00	339
6	12.00	162
7	34.00	39
8	14.00	861
9	18.00	63
10	10.00	2 068

解：根据表中的信息，运用 EXCEL 分别计算每种物资的年耗金额，排序后依次计算每种物资占用金额比率以及相应的累计比率，统计得出相应的 ABC 分析表，如表 3-5 所示。

表 3-5 ABC 分析表

	A	B	C	D	E	F	G
1	物资编号	单价	年消耗数量	金额	累计金额	占全部金额的累计比率(%)	占全部品种的累计比率(%)
2	2	40.00	1 383	55 320	55 320	52.0	10
3	10	10.00	2 068	20 680	76 000	71.4	20
4	8	14.00	861	12 054	88 054	82.8	30
5	1	20.00	458	9 160	97 214	91.4	40
6	6	12.00	162	1 944	99 158	93.2	50
7	4	10.00	184	1 840	100 998	94.9	60
8	5	5.00	339	1 695	102 693	96.5	70
9	7	34.00	39	1 326	104 019	97.8	80
10	3	5.00	250	1 250	105 269	98.9	90
11	9	18.00	63	1 134	106 403	100.0	100

根据表 3-5 以及 ABC 分类的相关标准,绘制 ABC 分析图,如图 3-2 所示。

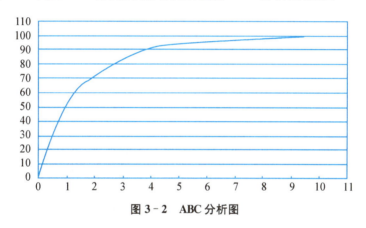

图 3-2 ABC 分析图

根据图 3-2,进一步对该企业的各项物资进行如表 3-6 所示的分类,从而为科学管理各类物资提供决策支持。

表 3-6 ABC 分类表

分 类	物资品种占用比(%)	年消耗金额比重(%)
A:2、10	20	71.4
B:8、1、6	30	21.8
C:4、5、7、3、9	50	6.8

二、CVA 库存管理法

CVA 库存管理法又称关键因素分析法(critical value analysis),是将物品按照关联性成分分成四类,一般为最高优先级、较高优先级、中等优先级、较低优先级,该分类方法比 ABC 库存管理法有更强的目的性,是对 ABC 库存管理法的一种补充,弥补了其 C 类产品往往得不到足够重视的缺陷,避免了因 C 类产品的缺乏带来生产困境。表 3-7 列举了 CVA 分类法划分的库存类型及其管理措施。

表 3-7　CVA 库存类型及其管理措施

库存类型	特　　　点	管理措施
最高优先级	经营管理中的关键物资,或 A 类重点客户的存货	不允许缺货
较高优先级	生产经营中的基础性物资,或 B 类客户的存货	允许偶尔缺货
中等优先级	生产经营中比较重要的物资,或 C 类客户的存货	允许合理范围内缺货
较低优先级	生产经营中有可替代的物品	允许缺货

在使用 CVA 分析法时应注意,人们往往倾向于制定高的优先级,结果高优先级的物资种类很多,这就违背了 CVA 分析法对物资分类的基本原则,最后导致每种物资均得不到应有的重视。因此,在实际运用中,若企业的存货较多,首先运用 ABC 分类法进行归类,再用 CVA 分析法进行优先级划分。

第四节　库存需求预测分析

库存需求预测是未来经营活动对库存物资需求的预测,也是对市场需求变化的预测。在库存管理过程中,库存需求往往是不确定的,对未来库存需求进行准确预测,有利于降低企业的库存水平,从而降低企业的生产和经营成本。同时,有效的库存需求预测可以在降低库存水平的基础上,降低库存持有成本,为企业各环节进行订货和补货提供重要的参考依据。倘若库存预测脱离了客观的市场需求,必将导致库存积压或短缺。因而,库存需求预测的准确性直接影响着企业的未来发展。

当然,库存需求预测结果与实际结果之间存在偏差在所难免,关键是如何及时减小和弥补偏差。常用的库存需求定量预测方法主要有时间序列预测法、回归预测方法和启发式算法等。本节重点介绍时间序列预测法和回归分析预测法。

一、时间序列预测法

(一)移动平均法

移动平均法是将最近时期数据的平均值作为预测值的一种预测方法。设移动间隔为 $k(1<k<t)$,则 t 期的移动平均值为

$$\bar{Y} = \frac{Y_{t-k+1} + Y_{t-k+2} + \cdots + Y_{t-1} + Y_t}{k} \tag{3-27}$$

式 3-27 是对时间序列的平滑结果,通这些平滑值可以描述出时间序列的变化形

态和趋势。实际运用中,对于$(t+1)$期的简单移动平均预测值为

$$F_{t+1} = \bar{Y} = \frac{Y_{t-k+1} + Y_{t-k+2} + \cdots + Y_{t-1} + Y_t}{k} \quad (3-28)$$

鉴于移动平均法仅对近期的数据进行分析,因而其主要适用于对较为平稳的时间序列进行短期预测。事实上,移动平均法对原数列有修匀和平滑的作用,k 越大,对数据的修匀作用越强,但同时也会使原序列的信息减少,因而确定合理的移动间隔在实际操作中十分重要。

【例 3-2】 已知某公司 2010 年报告期内的货物销售量如表 3-8 所示,分别取移动间隔 $k=3$ 和 $k=5$,请利用 Excel 计算各期的货物销售量的预测值及预测误差,并对下一时期的数据进行预测。

表 3-8 某公司 2010 年货物销售量数据变化

月 份	货物销售量	月 份	货物销售量
1	130	7	184
2	144	8	177
3	152	9	188
4	160	10	199
5	168	11	186
6	188	12	188

解:采用 Excel 进行移动平均时,单击【数据分析】按钮,在【分析工具】下拉列表框中,选择【移动平均】选项,单击【确定】按钮,并在【移动平均】对话框中输入数据区域和移动间隔即可。输出结果如表 3-9 所示。

表 3-9 某公司的销售量的移动平均预测

	A	B	C	D	E	F	G	H
1	月份	货物销售量	3项移动平均预测	预测误差	误差平方	5项移动平均预测	预测误差	误差平方
2	1	130						
3	2	144						
4	3	152						
5	4	160	142	18	324			
6	5	168	152	16	256			
7	6	188	160	28	784	150.8	37.2	1383.8
8	7	184	172	12	144	162.4	21.6	466.56
9	8	177	180	-3	9	170.4	6.6	43.56
10	9	188	183	5	25	175.4	12.6	158.76
11	10	199	183	16	256	181	18	324
12	11	186	188	-2	4	187.2	-1.2	1.44
13	12	188	191	-3	9	186.8	1.2	1.44
14	2011年1月	—	191	—	—	187.6	—	—
15	合计	—	—	—	1811	—	—	2379.6

以 3 项移动平均为例,表 3-9 中 142 就是 2010 年 1 月、2 月、3 月三个月的平均值,用它作为 4 月的预测值。其他数据同理。从预测结果来看,3 项移动平均的均方误差为 201,而 5 项移动平均的均方误差为 339.94。因此,就本序列而言,3 项移动平均比 5 项移动平均的效果略好一些。各时期的实际观测值与模型拟合值的图形,如图 3-3 所示。

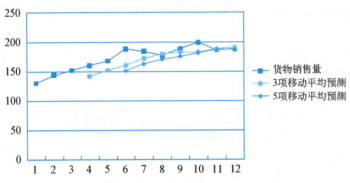

图 3-3 某公司的货物销售量的移动平均预测

(二) 指数平滑法

指数平滑法是短期预测中最有效的方法,它是对过去的观察值加权平均进行预测的一种方法。该方法操作简单,只需获得很小的数据量便能连续使用。通过本期观察值和预测值即可预测下期预测值,当预测数据发生变化时还可以进行适当的自我调整。观察值时间越远,其权数也随之呈现指数的下降,因而称为指数平滑。指数平滑分为一次指数平滑、二次指数平滑和三次指数平滑。

1. 一次指数平滑法

当时间序列观察值的发展趋势围绕某一水平作随机运动,可运用一次指数平滑法进行预测分析,其计算公式为

$$S_t^{(1)} = \alpha X_t + (1-\alpha) S_{t-1}^{(1)} \tag{3-29}$$

式中,$S_t^{(1)}$ 为 t 期的一次指数平滑预测值;X_t 为 t 期的实际观察值;α 为平滑系数 $(0 < \alpha < 1)$,其一般取值为 0.3—0.7。

注意,当时间序列有较大的随机波动时,宜选较大的 α,以便迅速跟上近期的变化,当时间序列比较平稳时,宜选择较小的 α。

【例 3-3】 试根据表 3-8 中某公司 2010 年的销售量数据,选择适当的平滑系数 α,利用 Excel 进行简单指数平滑预测,计算出预测误差,并选择适当的平滑系数进行预测。

解:采用 Excel 进行指数平滑预测时,单击【数据分析】按钮,在【分析工具】下拉列表框中,选择【指数平滑】选项,单击【确定】按钮,并在【指数平滑】对话框中输入数据区域,在【阻尼系数】中输入 $1-\alpha$ 的值。表 3-10 是选择 $\alpha = 0.3$、$\alpha = 0.5$ 进行指数平滑预测的输出结果。

表 3-10 某公司 2010 年货物销售量指数平滑预测

	A	B	C	D	E	F	G	H
1	月份	货物出库量	α=0.3	预测误差	误差平方	α=0.5	预测误差	误差平方
2	1	130	—			—		
3	2	144	130	14	196	130.00	14.00	196
4	3	152	134.20	17.80	316.84	137.00	15.00	225
5	4	160	139.54	20.46	418.61	144.50	15.50	240.25
6	5	168	145.68	22.32	498.27	152.25	15.75	248.06
7	6	188	152.37	35.63	1 269.17	160.13	27.88	777.02
8	7	184	163.06	20.94	438.39	174.06	9.94	98.75
9	8	177	169.34	7.66	58.62	179.03	-2.03	4.13
10	9	188	171.64	16.36	267.63	178.02	9.98	99.69
11	10	199	176.55	22.45	504.08	183.01	15.99	255.75
12	11	186	183.28	2.72	7.38	191.00	-5.00	25.04
13	12	188	184.10	3.90	15.22	188.50	-0.50	0.25
14	2011年1月	—	185.27			188.25		
15	合计	—			3 990.21			2 169.94

从预测结果来看,平滑系数=0.3时的均方误差为362.75,平滑系数=0.5时的均方误差为197.27。因此,就本题而言,当平滑系数取0.5时的效果略好于0.3。从两组数据的结果可以看出,对于一次指数平滑法而言,平滑系数的取值对预测误差的影响很大。因而确定平滑系数的实际取值相当重要。

该例中各时期的实际观测值与模型拟合值的图形,如图3-4所示。

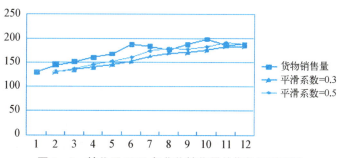

图 3-4 某公司 2010 年货物销售量的指数平滑预测

2. 二次指数平滑法

当时间序列观察值的发展趋势包含某种线性持续增长或下降趋势时,则应采用二次平滑预测模型。其计算公式为

$$S_t^{(2)} = \alpha S_t^{(1)} + (1-\alpha) S_{t-1}^{(1)} \qquad (3-30)$$

式中,$S_t^{(2)}$ 为第 t 期的二次指数平滑值。

3. 三次指数平滑法

当时间序列观察值的发展趋势出现较大曲率时,应采用三次指数平滑法。它是在二次指数平滑法的基础上进行的。其计算公式为

$$S_t^{(3)} = \alpha S_t^{(2)} + (1-\alpha) S_{t-1}^{(2)} \qquad (3-31)$$

式中,$S_t^{(3)}$ 为第 t 期的三次指数平滑值。

【例 3-4】 某产品的销售量见表 3-11,试计算该产品销售量的一次指数平滑值、二次指数平滑值和三次指数平滑值,α 取 0.3,并进行分析。

表 3-11　某产品销售量

年份	t	销售量/万	年份	t	销售量/万
2004	1	2.8	2008	5	9.2
2005	2	3.6	2009	6	10.9
2006	3	5.3	2010	7	12.5
2007	4	7.4	2011	8	14.2

解：利用上述公式分别计算一次、二次、三次指数平滑值，取初始值为第一期销售量。计算结果如表 3-12 所示。

表 3-12　指数平滑法预测表

年　份	t	销售量/万	$S_t^{(1)}$	$S_t^{(2)}$	$S_t^{(3)}$
	0		2.80	2.80	2.80
2004	1	2.8	2.80	2.80	2.80
2005	2	3.6	3.04	2.87	2.82
2006	3	5.3	3.72	3.13	2.91
2007	4	7.4	4.82	3.63	3.13
2008	5	9.2	6.14	4.39	3.51
2009	6	10.9	7.57	5.34	4.06
2010	7	12.5	9.05	6.45	4.77
2011	8	14.2	10.59	7.69	5.65

由计算结果看出，一次、二次、三次指数平滑值都会呈现滞后于实际观察值的现象，在库存需求预测中，一般不直接将指数平滑值作为需求预测值，而是对其进行修正。

通常，确定指数平滑方法时，应根据时间序列不同的趋势，合理选择相应的指数平滑方法。若时间序列观测值围绕某一水平做随机变动，可使用一次指数平滑法；若时间序列呈明显的线性增长或下降趋势，可使用二次指数平滑法；若时间序列呈非线性趋势，则运用三次指数平滑法。具体趋势如图 3-5—图 3-7 所示。

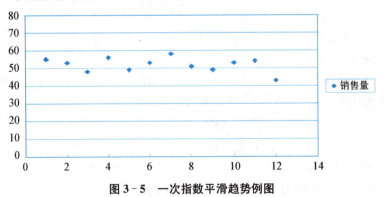

图 3-5　一次指数平滑趋势例图

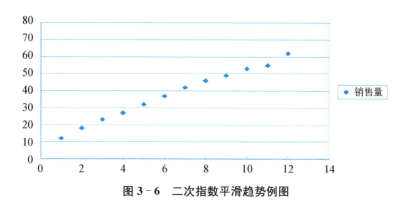

图 3-6 二次指数平滑趋势例图

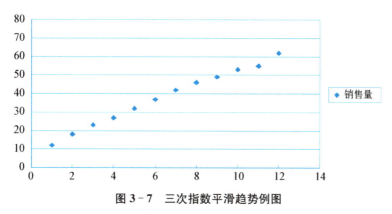

图 3-7 三次指数平滑趋势例图

二、回归分析预测

回归分析预测方法是一种重要的市场预测方法,在对企业库存未来的发展状况和水平进行预测时,首先需要了解影响库存需求的主要因素并获得相应的数量资料,在确定自变量和因变量之间相关关系的基础上建立相应变量之间的回归方程,并将回归方程作为预测模型,从而进行相应的预测工作。

(一) 一元线性回归模型

在回归分析中,如果变量之间的回归方程为线性方程,则称之为线性回归方程。如果方程中只存在一个自变量和一个因变量,此时将其称为一元线性回归方程。即其数学模型可表示为

$$Y = a + bX \tag{3-32}$$

式中,Y 为库存需求量;X 为影响库存需求的因素;a、b 为回归方程中的待定系数。

$$b = \frac{\sum_{i=1}^{n} x_i y_i - n\overline{x}\,\overline{y}}{\sum_{i=1}^{n} x_i^2 - n\overline{x}^2} \tag{3-33}$$

$$a = \frac{\sum_{i=1}^{n} y_i}{n} - \frac{b \sum_{i=1}^{n} x_i}{n} \tag{3-34}$$

【例 3-5】 为了预测某汽车公司薄钢板的年需求量,该公司研究并收集了几年间的汽车产量和薄钢板消耗量的数据,见表 3-13。假设预计 2012 年汽车产量将达到 40.8 万辆,试用一次性回归预测 2012 年薄钢板消耗量。

表 3-13 该汽车产量与薄钢板消耗量的数据表

年 份	汽车销售量 x/万辆	薄钢板消耗量 y/万吨
2007	27.96	38 360
2008	27.04	39 874
2009	25.08	43 438
2010	29.82	60 524
2011	37.2	60 798
2012	预计 40.8	

解:采用 Excel 进行回归分析时,单击【数据分析】按钮,在【分析工具】下拉列表框中,选择【回归】选项,单击【确定】按钮,并在【回归】对话框中输入数据区域。表 3-14 是回归分析的相关输出结果。

表 3-14 Excel 输出的回归分析结果

	A	B	C	D	E	F	G	H	I
1	SUMMARY OUTPUT								
2									
3	回归统计								
4	Multiple R	0.7562							
5	R Square	0.5719							
6	usted R Squ	0.4291							
7	标准误差	8435.7							
8	观测值	5							
9									
10	方差分析								
11		df	SS	MS	F	nificance F			
12	回归分析	1	285136577	3E+08	4.0069	0.139093			
13	残差	3	213483316	7E+07					
14	总计	4	498619893						
15									
16		Coefficien	标准误差	t Stat	P-value	Lower 95%	Upper 95%	下限 95.0%	上限 95.0%
17	Intercept	-4565	26825.3211	-0.17	0.8757	-89934.7	80805.6	-89934.7	80805.6
18	X Variable 1	1807	902.743726	2.0017	0.1391	-1065.89	4679.981	-1065.89	4679.981

从回归分析结果看,其包含如下三部分内容。

第一部分为回归分析的常用统计量,包括相关系数(Multiple R)、判定系数 r^2、修正后的 r^2 (Adjusted R Square)、标准误差、观察值的个数。第二部分为方差分析,主要针对回归方程的线性关系进行检验,包括自由度、回归平方和、残差平方和、总平方和(SS)、回归和残差的均方(MS)、检验统计量(F)以及 F 检验的显著性水平(Significant F)。第三部分为参数估计的相关内容,包括回归方程的截距(Intercept)、斜率(X Variable 1)、截距和斜率的标准差等。由输出结果可得,汽车销售量与薄钢板消耗量之间存在相关关系,其相关方程为 $y=-4\,564.54+1\,807.05x$,当 x 取 40.8 时,相应的薄钢板消耗量预测值为 69 163.1 万吨。

(二)多元线性回归模型

实际库存需求预测过程中,库存需求不仅与单个因素有关,存在着多个因素同时影响需求量的情况。此时就需要运用多元线性回归模型对库存需求进行预测。与一元线性回归模型类似,其回归模型可表示为

$$Y = a_0 + a_1 X_1 + a_2 X_2 + a_3 X_3 + \cdots + a_n X_n \tag{3-35}$$

同样,公式 3-35 中的待定系数可以通过计算机软件获得,在计算回归模型后也需要对其进行相应的数据检验,以判定该回归方程的合理性。

(三)非线性回归模型

无论是一元线性回归还是多元线性回归,利用它们进行计算的前提均为自变量与因变量之间存在线性关系,但实际过程中两者之间的关系往往是非线性的,此时就需要通过散点图分析自变量与因变量之间的相关关系,根据变量间的不同类型为其配合一条与其相适应的回归曲线。最常用的为幂函数形式的方程,该回归模型表示为

$$Y = a \cdot X_1^{e_1} \cdot X_2^{e_2} \cdot X_3^{e_3} \cdots X_n^{e_n} \tag{3-36}$$

其中,X_n 为影响库存需求的因素;a、e_n 为待定系数。解该回归方程时先对方程取对数,将其转换为线性方程进行求解。转换方程为

$$\lg Y = \lg a + e_1 \lg X_1 + e_2 \lg X_2 + \cdots + e_n \lg X_n \tag{3-37}$$

第五节 库存管理过程中相关指标的分析

一、库存储备定额分析

库存储备定额是指企业两次订货间隔内为保证供给而确定的储备量。合理的储备定额能够使企业实现规模经济,降低成本,平衡供给与需求,预防不确定的、随机的需求变动,以及由订货周期不确定造成的供应中断。企业的储备定额管理必须符合经济效益原则,过高的物资存储将占用大量的流动资金,产生较多的库存成本,而过低的库存则会增加企业的缺货成本。因而,对企业的储备定额进行管理控制的目的在于防止超储和缺货,以合理的成本为客户提供符合期望水平的服务。一般储备定额包括经常储备定额、保险定额和季节储备定额。

(一) 经常储备定额

经常储备定额是指企业为保证正常供应的需要而规定的储备数量。通常,经常储备定额有两种方法进行确定,分别为进货周期法和经济订购批量法。

1. 进货周期法

进货周期法是指根据产品的订货周期来确定经常储备定额。该方法以日均需求量和进料间隔天数为基础,其计算公式为

$$\text{经常储备定额} = \text{日均需求量} \times \text{进料间隔天数} \qquad (3-38)$$

或

$$\text{经常储备定额} = \text{日均需求量} \times (\text{进料间隔天数} + \text{物资准备天数})$$

2. 经济订购批量法(EOQ)

运用经济订购批量法确定经常储备定额是指通过计算经济合理的订购批量,从而确定企业存储总费用最低的物资储备定额。其计算公式为

$$Q^* = \sqrt{\frac{2DS}{C}} \qquad (3-39)$$

其中,Q^* 为经济订货批量;D 为年物资需求量;S 为每次订货费用;C 为单位物资年保管费用。

(二) 保险储备定额

保险储备定额是指当发生到货延期时,为保证正常运营所进行的物资储备。通常,其计算公式为

$$\text{保险储备定额} = \text{日均需求量} \times \text{保险储备天数} \qquad (3-40)$$

由于保险储备是在供应过程中出现意外变故时使用的,内部外部多方面因素引起的,所以要准确制定保险储备天数往往比较困难。

(三) 季节储备定额

季节储备定额是指由于受自然条件的影响,某些物品需要在季节之前提早备好,以保证生产正常需要。其计算公式为

$$\text{季节储备定额} = \text{日均需求量} \times \text{季节储备天数} \qquad (3-41)$$

在进行储备定额制定时,还应该结合 ABC 库存管理法,根据不同种类物品的特点突出重点物资的管理。对于 A 类产品,企业应在考虑时间和季节因素的前提下,通过经济订购批量来确定储备定额,并逐日控制,不断对其库存进行调节,从而达到最优状态。B 类品种相对较多,且资金占用额大,因而企业可以将这类物资进一步细分,采取按期定量法来确定相应的储备定额。C 类产品品种繁多且占用金额小,且制造周期短,企业则可以根据需要随时采购。

二、库存能力分析

库存能力分析通过反映仓库各时间点的准确分析有助于企业对于自身管理方法的

调整,反映各时间节点上仓储情况。

【例 3-6】 某物流企业仓库 2013 年上半年库存情况统计表格如表 3-15 所示,利用 Excel 对其进行分析。

表 3-15 库存能力数据

月 份	库存量(吨)	最大库存能力(吨)
1	452	700
2	721	
3	635	
4	520	
5	493	
6	694	

由表 3-15 可以看出,1 月份库存量最低,2 月份实际库存量已经超出仓库最大库存能力,其超出部分一般可由外包服务或提高仓库管理水平来解决。从图 3-8(柱状图)可以更直观地看出各月份的库存数据变化情况。

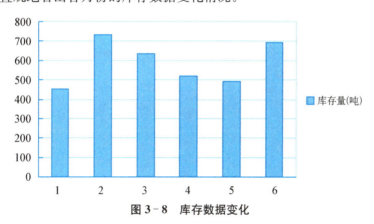

图 3-8 库存数据变化

柱状图可以直观地表明企业库存的变化情况,1 月份库存量最低,2 月份库存量最高。挖掘相邻月份库存激增的原因有助于避免这种情况的再次发生,从而为对策提供数据支持。表 3-16 为 1 月份、2 月份各时间节点库存情况。

表 3-16 1 月份、2 月份各时间节点库存情况

时 间	库存量(吨)	合计(吨)
1 月上旬	128	452
1 月中旬	122	
1 月下旬	202	
2 月上旬	321	721
2 月中旬	224	
2 月下旬	176	

由表 3-16 可以看出，仓库库存在 2 月上旬时急剧增长，企业应结合实际情况分析相应节点的库存数据剧烈变化的原因，从根本上寻求解决方法。

本 章 小 结

物流仓储是指通过仓库对暂时不用的物品进行储存和保管，其功能包括储存、保管、拼装、分类、流通、加工、配送、信息传递等。

物流仓储统计是对仓储过程中的各项数据进行准确的统计记录，通过科学量化分析，及时反映物流仓储的运营情况，使企业能够充分利用仓储资源，提供高效的仓储服务。

物流仓储统计指标体系包括五部分，分别为货物入库出库指标、仓储设施与设备指标、仓储能力指标、仓储服务质量指标和仓储成本收益指标。

常用的两种库存管理方法为 ABC 分析方法和 CVA 库存管理方法。

库存需求定量预测方法包括时间序列预测法、回归分析预测法及启发式算法等。其中，常用的时间序列法有移动平均法和指数平滑法；常用的回归分析法包括一元线性回归、多元线性回归和非线性回归。

库存储备定额是指企业两次订货间隔内为保证供给而确定的储备量。一般储备定额包括经常储备定额、保险定额和季节储备定额。

库存能力分析通过反映仓库各时间点的准确分析有助于企业对于自身管理方法的调整，反映各时间节点上仓储情况。

第四章 物流运输统计分析

> **引导案例**
>
> **北京统计运输行业成本**
>
> 北京市交通运输业经济统计专项调查于 2013 年 6 月启动,涉及地铁、公交、出租车、省际客运等 12 个行业。调查内容有关交通运营主体收入、成本等经济运行指标,同时还包括运输企业的财务经营信息。
>
> 据悉,专项调查涵盖公共电汽车、轨道交通、郊区客运、出租客运、汽车租赁、旅游客运、水路运输、省际客运、货物运输、机动车维修、停车管理、公路管理行业。调查对象涉及客货运输车辆、交通运输企事业单位和相关交通站点。调查内容包括车辆、船舶和交通运输企事业单位的基本信息、运输生产信息和财务经营信息。
>
> 通过调查,交通部门可全面摸清本市交通运输行业经济总量、产业结构和地区差异,获取本市交通运输经营主体收入、成本等经济运行指标,准确把握交通运输经济运行质量和效益。同时,获取本市车辆、交通运输企事业单位基本属性指标,建立覆盖全行业的基本单位名录库。
>
> 资料来源:《京华时报》,http://epaper.jinghua.cn/html/2013-06/18/content_1997866.htm。

讨论题

1. 什么是物流运输?物流运输统计的研究对象及内容是什么?
2. 物流运输统计常用的统计方法有哪些?

学习要点

1. 了解物流运输的概念、功能。
2. 熟悉物流运输方式的分类。
3. 掌握货物运输量统计指标和运输工具统计指标。
4. 掌握影响物流运输成本的主要因素。
5. 掌握物流运输成本的构成。
6. 熟练运用 EXCEL 进行物流运输需求的预测分析。

重点与难点

1. 物流运输相关的统计指标。

2. 物流运输需求预测分析。

本章导语

运输是物流最基本的功能之一,是现代物流运作流程中不可缺少的一环,也是企业取得市场竞争优势的重要手段。加强现代物流运输管理的研究、实现物流运输合理化,对于充分发挥物流系统整体功能,促进国民经济持续、稳定、协调发展,以及增强企业的竞争实力,有着十分重要的意义。因而,合理有效利用统计分析方法优化运输过程显得尤为重要。本章分别就运输需求预测、运输工具利用率和运输成本三个方面,对物流运输进行深入分析,为运输决策提供支撑。

第一节 物流运输概述

一、物流运输的概念

运输是指人或货物借助运输工具和运输基础设施在空间上产生的位置移动。物流离不开运输,便利和可靠的运输服务是有效组织物流活动的关键所在。物流运输不仅发生在生产领域,也存在于流通领域。生产领域的运输活动一般在生产企业的内部进行,它作为生产活动的一个环节,其内容主要包括原材料、在制品、半成品以及产成品的运输。流通领域的运输主要涉及货物从生产地到消费地的空间位置转移。

通常,在企业的物流活动中,将货物大批量、长距离从生产工厂直接送达客户或配送中心称之为运输;将小宗货物从物流网点到用户的短途、末端运输称为配送。

表4-1为物流运输与配送的区别。

表4-1 物流运输与配送的区别

运 输	配 送
长距离、大批量货物	短距离、小宗货物
物流据点间移动	企业送交客户
地区间货物移动	地区内部货物移动
单次向一地单独运送	一次向多地运送,货运量少

二、物流运输的功能

物流运输提供两大主要功能,分别是物品转移和短时存储。

(一)物品转移

物流运输的主要目的在于以最短的时间、最低的成本将物品转移到指定地点。无论是原材料、零部件、装配件、在制品、半成品,还是产成品,不管是在制造过程中被移到下一阶段,还是在流通过程中移动到终端客户,物流运输都是必不可少的。物流运输的主要功能就是物品在价值链中的来回移动,即用最少的时间实现产品在供应链中的位移,改变货物的地点与位置而创造出价值,从而产生相应的时间效用和空间效用。

(二) 短时存储

在物流运输过程中,倘若出现仓库空间有限的情况,或者在转移中的物品需要储存但又在短时间内需要重新转移,那么就可以将运输工具作为临时的储存设施,利用物流运输对物品进行短时存储,也可以采用将货物迂回路径或间接路径运往目的地。尽管使用运输工具储存货物的费用可能是昂贵的,但如果从总成本或完成任务的角度来看,同时考虑装卸成本、储存能力的限制等因素,那么使用运输工具储存货物有时是合理的,甚至是必要的。

三、物流运输方式

运输系统作为物流系统的最基本的系统,是指由与运输活动相关的各种要素组成的一个整体。由于运输要素及其组合的不同、经营方式和目的的不同,构成了不同的运输方式。根据不同的划分标准能够将运输方式划分为不同的种类。通常,按照运输设备及运输工具的不同,可以将物流运输方式分为五种基本类型,即铁路运输、公路运输、水路运输、航空运输和管道运输。

(一) 铁路运输

铁路运输是以轨道为移动向导,使用铁路列车运送客货的一种陆地运输方式。铁路运输设备包括固定设备和移动设备。其中,固定设备是指线路、车站及其他附属设备,移动设备包括机车和车辆。铁路运输的承运能力较大,且不受气候和自然条件的影响,主要承担长距离、大批量的货运工作。

(二) 公路运输

公路运输是主要以城间公路和城市道路为移动通道,利用汽车或其他车辆在公路上进行客货运输的一种方式,它是一种直达、便捷的运输方式。公路运输能够做到门对门的直接运送,主要承担近距离、小批量的货运,以及其他运输方式难以到达地区的长途大批量运输。同时,它能够补充和衔接其他运输方式。

(三) 水路运输

水路运输是利用船舶、排筏和其他浮动工具,在江、河、湖泊、人工水道以及海洋通道运送旅客和货物的一种运输方式。水路运输的运输量大且成本低廉,适用于大批量、长距离的运输。按照航行区域的不同,大致分为远洋运输、近海运输、沿海运输和内河运输。

(四) 航空运输

航空运输是指利用飞机或者其他航空器进行运输的一种运输方式。在航空货物的运输过程中,一般可以分为班机运输、包机运输和集中托运。其中,集中托运是航空运输中最为普遍的一种形式。它是指集中托运人将若干批单独发运的货物组成一整批,向航空公司办理托运,由在目的地港指定的代理人收货,根据集中托运人签发的航空分运单分拨给实际收货人的运输方式。

(五) 管道运输

管道运输是利用管道,通过一定的压力差而完成物品运输的一种方式。一般运输物品多为液、气体货物。目前,管道运输的货物主要包括原油、成品油、天然气、油田伴生气、矿砂、煤浆等,大都是能源物资。

四、物流运输的发展方向

随着我国经济的不断发展以及交通运输基本设施的不断完善,我国的交通运输货运量呈现出迅速增长的态势。表4-2显示了我国2006—2013年的年货运总量及不同运输方式的货运量统计信息。从表中可以看出,2006—2009年我国的货物运输量以平均每年10%的速度增加,近几年的增长速度尤为迅速。

物流运输规模的不断扩大,增加了运输管理的难度。为了适应当前物流运输的发展,加强运输管理,从本质上提高交通运输效率,加强交通运输安全,实现不同运输方式协调发展和合理分工至关重要。另外,货运量的增长也加快了我国的能源消耗。运输是物质在空间距离上的高效流动,其依赖于发达的运输基础设施。交通运输基础设施的建设必然会占用大量的土地资源,如铁路、公路基础设施、客货运站场、港航码头、机场以及运输服务区等交通基础设施的建设。同时,交通运输工具的尾气排放不可避免地污染了自然环境,运输量的增加给环境带来了巨大的压力。在城市环境中,机动车排放的悬浮颗粒物是造成空气污染的主要原因。

表4-2　2006—2013年交通运输货运量　　　　　　　　　　（单位/万吨）

年份	货运量总计	铁路	公路	水路	民航	管道
2006	2 037 060	288 224	1 466 347	248 703	349.4	33 436
2007	2 275 822	314 237	1 639 432	281 199	401.8	40 552
2008	2 585 937	330 354	1 916 759	294 510	407.6	43 906
2009	2 825 222	333 348	2 127 834	318 996	445.5	44 598
2010	3 241 807	364 271	2 448 052	378 949	563.0	49 972
2011	3 696 961	393 263	2 820 100	425 968	557.5	57 073
2012	4 100 436	390 438	3 188 475	458 705	545.0	62 274
2013	4 098 900	396 697	3 076 648	559 785	561.3	65 209

数据来源:《中国统计年鉴》,2014。

综合以上论述,今后物流运输的发展方向主要体现在以下两个方面。

1. 物流运输的智能化发展

随着社会经济的不断发展,信息传播、处理和决策等科学技术的不断进步,智能化运输成为交通运输系统的重要发展趋势。在公路运输系统智能化发展的基础上,智能运输系统(intelligent transportation system,简称ITS)逐步发展并得以充分利用,通过ITS的运用能够提高交通运输效率、改善道路交通的安全程度以及减少由于交通运输环境带来的不良影响。

2. 加快物流运输的绿色发展

绿色运输是指充分利用现有的运输资源,降低物流运输过程中对环境的污染,减少运输环境的能源消耗。通过选择合理的运输方式,规划运输路线,使用低污染的能源,从而尽可能减少由于物流的运输环节给环境带来的尾气污染、噪声等危害,缓解对不可再生资源的消耗。

事实上,物流运输占用和消耗了大量宝贵的资源,同时带来了严重的生态环境负面影响。资源和环境问题已成为制约物流运输,乃至整个国家经济发展的瓶颈,而近年来日趋激烈的能源供求矛盾,进一步体现了发展绿色物流运输的必要性和紧迫性。

第二节 物流运输的基本统计指标

物流运输统计是对物流运输环节的统计,是物流统计的重要组成部分。通过对物流运输过程中的各项数据进行统计分析,不仅能够及时了解当前运输情况,从中发现实际运作中存在的问题,更能够为今后的运输管理提供信息支撑。本书将货物运输量统计和物流运输工具统计作为物流运输环节中的基本统计工作。其中,货物运输量统计主要研究货运量、货物周转量、货物运输密度、平均距离等。物流运输工具统计则主要研究运输工具的行程、时间利用及载重能力利用率。

一、货物运输量统计

(一) 货运量

货运量是指运输企业在一定的时期内实际运送的货物数量,其计量单位为吨。货运量是反映运输生产成果的指标,体现着运输业为国民经济服务的数量。通常,反映货运量的指标包括发送货物吨数、到达货物吨数和运送货物吨数。

(二) 货物周转量

货运周转量是指运输企业在报告期内所完成的货物运输工作总量。各种运输工具完成的货运周转量的总和称为货物总周转量。它与货运量都是衡量运输业生产成本的主要指标。其计算公式为

$$货物周转量 = \sum (每批货物的重量 \times 该批货物的运程) \quad (4-1)$$

(三) 运输系数

运输系数是指在报告期内全社会或某一地区某一种产品必须经过运输才能用于生产消费或者个人生活消费的部分在总生产线中所占的比重。通常,运输系数越大,表示

该产品的运输量越大;反之,则越小。其计算公式为

$$运输系数 = \frac{运量}{生产量} \tag{4-2}$$

(四) 货物平均运输距离

货物平均运距指报告期内运输车辆实际运送货物的平均距离。计算单位:千米。运距是计算货物运价、货物周转量,优化货物运输调度组织的重要依据。其计算公式为

$$货物平均运距 = \frac{货物周转量}{货运量} \tag{4-3}$$

(五) 货物运输密度

货物运输密度是指报告期内,某一行政区划内的公路或某一运输线路(区段)平均每一千米所承担的换算周转量,亦称换算密度,以反映运输能力的利用率和运输工作强度。其计算公式为

$$运输密度 = \frac{换算周转量(吨千米)}{营业线路长度(千米)} \tag{4-4}$$

二、物流运输工具统计

运输工具是进行运输生产活动的基本物质资料。在统计工作中,不同的运输方式的统计指标不尽相同,本书以公路运输为例。

(一) 车辆行程统计

公路运输企业运用汽车实现货物在空间上的位移,是车辆载有货物行驶一定距离(按千米计算的里程)的结果。汽车运行里程的长短,是反映运输能力使用程度的一个重要方面。

1. 总行程

总行程又称总车千米,是指报告期内车辆在实际工作中所行驶的总里程数。总行程必须是车辆为进行营运性运输而行驶的里程,不包括为进行保养、修理而进出保修厂及试车的里程。

车辆的行驶里程应根据行车路单上的行程记录或实际行程统计。在运输生产过程中,因故绕道或进行循环运输,出车后未到达装、卸货地点,因故返回,其行程均按实际行驶里程计算。

$$总行程 = 载运行程 + 空车行程 \tag{4-5}$$

其中,载运行程是指报告期内总行程中车辆载有客、货(不论是否满载)的行驶里程。空车行程是指报告期内车辆总行程中空车行驶的里程,包括回空和调车等无载运行的里程。

2. 总行程载货量

总行程载货量是指报告期内在用载货车辆的总行程载运能力。计算单位:吨位千

米。它表示在汽车全部行驶里程中可能实现的最大运输能力,即车辆在规定的技术条件下按照标记吨位可能完成的最大运输量。其计算公式为

$$总行程载重量 = \sum(单车总行程 \times 标记吨位) \quad (4-6)$$

其中,载运行程载货量,即报告期内在用载货车辆的载运行程载运能力。其表示车辆在运行中扣除空驶因素后的最大运输能力。计算公式为

$$载运行程载货量 = \sum(单车载运行程 \times 标记吨位) \quad (4-7)$$

注意:在车辆标记吨位相同的情况下,可用总车公里与标记吨位相乘求出。当车辆的标记吨位不同时,其总行程载货量、重车行程载重量应按不同标记吨位分别乘以总行程和重车行程,然后再相加求得。

【例 4-1】 某运输企业报告期有 CA-10B 型车 40 辆,标记吨位为 4 吨,完成总行程 240 000 千米,其中 200 000 千米为载运里程,另有东风牌汽车 10 辆,标记吨位为 5 吨。完成总行程 70 000 千米,其中 60 000 千米为载运里程。求该企业的总行程载货量及重车行程载货量。

解:由题意可知,该运输企业拥有两种不同的标记吨位车型,因而应分别计算。具体计算过程如下。

$$总行程载重量 = 240\,000 \times 4 + 70\,000 \times 5 = 131\, 万吨位千米$$
$$载运行程载货量 = 200\,000 \times 4 + 60\,000 \times 5 = 110\, 万吨位千米$$

(二) 车辆时间利用统计

1. 总车日

总车日是指公路运输企业在报告期内每天实际在用的营运车辆的累计数。不管车辆的技术状况是否完好,只要企业使用一天,那么就计为一个车日。其中,工作车日是指在完好车日中,实际进行工作的车日。停驶车日是指在完好车日中,因为无客货或者燃料中断等各种原因导致未能出车的车日。

2. 工作率

工作率是指报告期内工作车日在完好车日中所占的比重用,用以反映车辆的利用程度。其计算公式为

$$工作率 = \frac{工作车日}{完好车日} \times 100\% = \frac{完好车日 - 停驶车日}{完好车日} \times 100\% \quad (4-8)$$

3. 平均每天出车时间

平均每天出车时间是指车辆平均每一个工作车日的出车时间。计算单位:小时。其计算公式为

$$平均每车出车时间 = \frac{总出车时数}{工作车日数} \quad (4-9)$$

由于车辆只要当天出过车参加营运性运输,不管出车时间长短,即计为一个工作车

日。所以必须设置平均每日出车时间这一指标,才能进一步说明车辆时间的利用程度。平均每日出车时间可看作车辆工作率指标的一个辅助指标,它受企业工作制度和车辆运行组织工作水平的影响。

4. 出车时间利用系数

出车时间利用系数是指在出车时间中车辆运行时间所占的比重。其中,运行时间和出车时间可以是一定时期内的运行时间和出车时间总数,也可以是平均每个工作车日的运行时间和出车时间。计算公式为

$$出车时间利用系数 = \frac{运行时间}{出车时间} \quad (4-10)$$

在车辆的出车时间内,包括车辆运行时间和车辆停歇时间。车辆停歇时间指车辆装卸货物及等待装卸货物的时间、技术业务作业时间以及其他停歇时间。提高出车时间利用系数必须压缩各种停歇时间,特别是要消除不必要的停歇时间,如车辆运行中排除机械故障时间和驾驶员不遵守作业制度任意延长休息时间等。

(三) 车辆载重能力利用率统计

1. 吨位利用率

吨位利用率是指报告期内载货汽车自载换算周转量与其载运行程载货量的比值。它是表明车辆的装载能力的利用程度指标。影响这一指标的主要因素有货物的特征、起点站的货源情况,以及沿线货源补充程度、车辆的型号、货物装车的技术、道路条件等。其计算公式为

$$吨位利用率 = \frac{自载换算周转量}{载运行程载货量} \times 100\% \quad (4-11)$$

在计算货车的吨位利用率时,附载旅客所完成的旅客周转量人千米应换算为吨千米。

2. 实载率

实载率是指报告期内车辆自载换算周转量占其总行驶载货量的比重,用以反映总行程载货量利用程度。其计算公式为

$$实载率 = \frac{自载换算周转量}{总行程周转量} \times 100\% = 里程利用率 \times 吨位利用率 \quad (4-12)$$

第三节　物流运输成本统计分析

一、运输成本概述

物流运输成本是指为完成客、货物运输业务消耗的以货币形式表现的一切费用,包

括支付的职工工资、材料、燃料、电力及固定资产折旧费、各种服务管理费等运输支出。一定期间的运输支出就是此期间的运输总成本；单位运输产品所分摊的运输支出即为单位运输产品成本，它是单位运输产品价值的主要组成部分。

运输成本是一个重要的综合性的质量指标，它能比较全面地反映运输企业生产技术和经营管理水平。它是进行技术经济分析、评价经济效果和进行决策的重要依据。无论是运量的增减、劳动生产率的高低、技术设备的改善及利用程度的好坏，最终都会通过运输成本反映出来。因此，对运输成本进行相应的统计分析至关重要。

二、影响物流运输成本的因素

运输成本是物流成本中最大的单项成本，影响运输成本的主要有运输量、运输距离、运输方式、货物的密度、转运、服务水平、市场等因素。了解这些因素对运输成本的影响程度，合理安排运输，能降低运输成本，提高企业的经济效益。

（一）产品密度

产品密度综合考虑了产品的重量和体积因素，是指产品的重量与体积之比。每单位重量的运输成本随产品密度的增加而下降。若产品密度小，车辆的容积充分使用后仍达不到车辆的装载能力，单位重量所分摊的运输成本较高；若产品密度较大，车辆装载的货物越多，那么均摊的运输成本就能降低。因而，为了更好地利用运输工具的容积，物流管理人员会设法增加产品密度，使其能装载更多数量的货物。如图4-1所示。

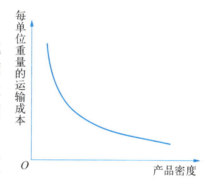

图4-1 产品密度与运输成本之间的关系

（二）产品稳定性

在物流运输过程中，可能会发生货物丢失、货物损坏，甚至是运输事故。承运人在考虑产品价值的同时，也要考虑产品的稳定性，如产品的易损坏性、易腐蚀性、易燃性等。通常，产品的稳定性越低，承运人承担的责任越大，其必须通过向保险公司投保来预防可能发生的索赔。那么，在这种情况下，需要收取的运输费用就相应增加。当然，托运人可以通过改善保护性包装等具体措施从而降低风险，最终降低运输成本。

（三）装载能力

产品的装载能力是指产品的具体尺寸及其对运输工具的空间利用程度的影响。倘若产品的尺寸形状较为特殊，或者具备超重或超长等特征，那么往往不能很好地进行装载，会因此浪费运输工具的空间。通常，大批量的产品往往能够相互嵌套、便利装载，而小批量的产品则有可能难以装载。例如，谷类、矿石等可以完全装满容器，具备较好的装载能力。

（四）运输距离

运输距离是影响运输成本的主要因素，它直接对劳动、燃料和维修保养等变动成本发生作用。图4-2显示了运输距离与运输成本之间的关系。当运输距离为零时,总成本并不是零,因为存在与货物提取和支付相关的固定成本。随着运输距离的不断增加,尽管运输总成本在持续增加,但单位总成本在逐渐减少,主要原因在于固定成本被分摊到单位运输距离上的运输成本降低。

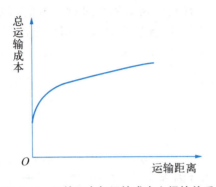

图4-2 运输距离与运输成本之间的关系　　图4-3 运输量与运输成本之间的关系

(五) 运输量

物流运输活动与其他许多物流活动一样存在着规模效应。随着每次装运量的增大,每单位重量的运输成本逐渐下降。如图4-3所示,这是因为随着运输量的增加,固定成本和装卸搬运等费用能够随之分摊。但运输量的增加要受运输工具的限制,无法超过运输工具的容积。因而,在实际操作中,小批量的载货应整合成更大的载货量,从而充分利用规模经济。

(六) 运输方式

不同的运输方式对运输成本的高低影响很大。总体而言,航空运输的成本最大,水运成本相对较低。这与每种运输方式的固定成本、管理费用以及载重量有关。决定运输方式需要在考虑具体条件的基础上,结合货物品种、运输期限、运输距离、运输批量等因素认真研究。在经济合理的运距范围内,每种运输方式的平均吨千米的运输成本会随距离的延长而递减。

(七) 市场因素

影响运输成本的市场因素主要包括竞争、季节性变化和运输流量的不平衡。首先,无论是同种运输方式,还是不同运输方式之间往往会存在着不同程度的竞争,它们往往会为了赢得更多的市场份额,制定一些优惠政策。其次,运输的季节性问题,诸如航空运输的平时价格与春运、黄金周的价格相差甚远,这也会影响运输费率和运输成本的变化。此外,运输进出流量的不平衡也会导致物流成本的变化。

三、运输成本指标计算

为了准确获取物流运输实际运作的相关资料,及时对当前的运输进行技术经济分析,对其运营结果进行评价,从而为进一步决策提供支撑。通常,选取一些物流运输成本的统计指标,通过这些指标的计算及时反馈相应的信息。如表4-3所示。

表 4-3 运输成本的主要统计指标

运输成本	运输总成本
	单位运输成本
	运输成本降低额
	装卸搬运成本
	包装成本
	配送成本

(一) 运输总成本

运输总成本是指运输企业在报告期内完成客、货运输总量所支出的各项费用的总和。它是运输生产活动的综合性指标,它能比较全面地反映运输企业的生产、技术和经营管理水平。它是以客货综合运输业务为成本计算对象,凡是各类运输工具所发生的费用均为直接费用,进行统一归集;管理费用是间接费用,要在运输业务和其他业务间进行分摊。运输成本一般可以分为固定设施成本、移动设备拥有成本和相应的运营成本。根据不同运输方式的成本构成类别,将相应的运输成本总结如表 4-4 所示。

表 4-4 物流运输成本的构成

运输方式	固定设施成本	移动设备拥有成本	运营成本
公路运输	公路、车场	各类汽车、卡车等	与运营有关的各项直接费用:包括工资、燃料动力、辅助人员以及管理人员的工资等
铁路运输	轨道、车站、编组场	铁路机车	
航空运输	机场、空中指挥中心	飞机	
水路运输	港口	各类船舶	
管道运输	管道自身成本		

(二) 单位运输成本

单位运输成本是指运输企业在报告期内完成单位运输量的平均成本额。运输总成本除以同期的换算周转量,即得出单位运输成本。计算单位:元/千吨千米。计算公式为

$$单位运输成本 = \frac{总成本}{换算周转量/1\,000} \qquad (4-13)$$

(三) 运输成本降低额

运输成本降低额指运输企业在报告期内由于单位成本与基期单位成本相比发生变化所形成的节约额或上升额。运输成本降低率则是反映运输企业在报告期内成本降低幅度的指标。其计算公式为

$$单位运输成本降低率 = \frac{报告期单位运输成本降低额}{基期单位运输成本} \times 100\% \qquad (4-14)$$

或

$$单位运输成本降低率 = 1 - \frac{报告期单位运输成本}{基期单位运输成本} \times 100\% \quad (4-15)$$

【例 4-2】 试根据表 4-5 所示某汽车运输公司 2009 年 2 月统计的相关资料,分别计算客、货车的单位运输成本、成本降低额、成本降低率。

表 4-5 某汽车运输公司 2009 年 2 月统计资料

车型	报告期完成换算周转量	报告期运输总成本	基期单位成本
客车	24 000 千人千米	432 000 元	19 元/千人千米
货车	4 800 千吨千米	672 000 元	145 元/千吨千米

解:(1) 计算报告期实际的单位运输成本。

2 月份客车单位运输成本 = 432 000/24 000 = 18(元)

2 月份货车单位运输成本 = 672 000/4 800 = 140(元)

(2) 计算运输成本降低额。

2 月份客车单位运输成本降低额 = 19 - 18 = 1(元)

2 月份货车单位运输成本降低额 = 145 - 140 = 5(元)

通过计算可得,由于客车和货车单位运输成本降低而降低的总成本降低额均为 24 000 元。

(3) 计算运输成本降低率。

2 月份客车运输成本降低率 = (1/19) × 100% = 5.3%

2 月份货车运输成本降低率 = (5/145) × 100% = 3.5%

(四) 装卸搬运成本

装卸搬运是指货物在指定地点通过人力或者机械装入运输设备或者卸下的过程,一般指物品垂直方向为主的空间位移。装卸搬运成本指企业在成本计算周期内的装卸成本总和。通常分为机械装卸和人工装卸。装卸单位成本指企业完成单位操作量的成本。计算单位:元/千操作吨。其计算公式为

$$机械装卸单位成本 = \frac{机械装卸总成本}{机械装卸操作吨 / 1\,000} \quad (4-16)$$

$$人工装卸单位成本 = \frac{人工装卸总成本}{人工装卸操作吨 / 1\,000} \quad (4-17)$$

$$机械、人工装卸综合单位成本 = \frac{机械、人工装卸总成本}{全部装卸操作吨 / 1\,000} \quad (4-18)$$

(五) 包装成本

包装成本是指企业为完成货物包装业务而发生的全部费用,包括运输包装费和集

装、分装包装费,还包括业务人员的工资福利、包装设施年折旧、包装材料消耗、设施设备维修保养费、业务费。其中,包装成本个体指数的计算公式为

$$包装成本个体指数 = \frac{报告期包装成本}{基期包装成本} \quad (4-19)$$

(六) 配送成本

配送成本是指配送过程中所支付的费用总和。根据配送流程及配送环节,配送成本实际上包含了配送运输成本、分拣成本、配装成本及流通加工费用等全部费用。因而,其计算公式为

$$配送成本 = 配送运输成本 + 分拣成本 + 配装成本 + 流通加工成本 \quad (4-20)$$

第四节 物流运输需求预测分析

社会及经济的发展必然产生运输需求,运输需求的大小从一个方面反映了社会及经济发展的规模与速度。根据运输需求决定运输投资,是国家投资行为的出发点。因而,对运输需求的预测分析具有重大的社会及经济意义。

运输需求分析是根据运输需求规律、历史和现状,分析相关因素,对运输需求发展的状况、前景和趋势进行推测研究。对于物流运输服务生产企业来说,不但要掌握和研究个别需求的异质性,也要研究总体需求的规律性。

一、运输需求与运输量

运输需求是指在一定的时期内、一定价格水平下,社会经济生活在货物与旅客空间位移方面所提出的具有支付能力的需要。运输量是指在一定运输供给条件下所能实现的人与货物的空间位移量。社会经济活动中的人与货物空间位移是通过运输量的形式反映出来的,如铁路列车运送的货物吨数、航线上的旅客人数等。运输量的大小与运输需求的水平有着密切的联系,但运输量本身并不能完全代表社会对运输的需求。当运输需求与供给基本均衡,或者供给大于需求的情况下,运输需求量是现实的运量;但当运输供给不足时,实际运量必然小于经济发展所产生的运输需求量。以"运量预测"简单地代表运输需求量预测,不考虑运输供给能力限制的运量预测结果,将不能够反映经济发展对运输业的真正需求,从而无法指导运输业的发展。因此,在实际运输需求预测工作中,对于通过"运量预测"得到的预测结果,应给予适当的处理,才能真实地反映经济发展对于运输业提出的实际需求。

二、运输需求预测的意义

预测的主体可以是多方面的,既可以是经济管理综合部门,又可以是中央或地方的

运输主管机构,也可以是各类运输企业。对于不同预测主体来说,运输需求预测有不同的作用,对于国民经济宏观管理部门来说,运输需求预测是编制国民经济计划、制订经济发展战略、进行运输基础设施建设的基本依据;对于各级运输主管机构来说,运输需求量预测是对各种运输方式进行规划和有效宏观调控的重要依据;对于具体的运输企业来说,运输需求预测是企业制定经营战略、进行科学决策的重要依据。

三、影响物流运输需求的主要因素

影响物流运输需求的主要因素有六个(图4-4)。首先,市场价格因素是影响物流运输需求的主要因素。一般来说,运价下降时物流运输需求会随之上升,而运价上涨时运输需求则会受到一定的抑制。同时,随着国家经济政策的进一步开放,国家的对外贸易逐渐增加,物流运输的需求也在迅速增加。不可否认的是,物流运输需求与国家的经济政策的变化以及工农业生产的发展密切相关。其次,自然因素(如农产品及其他季节性产品)的物流需求会随着季节的不同产生不同的变化。此外,为了适应由于自然和区位聚集造成的资源地理分布不均衡,满足当地的生产和消费需求,必然产生运输货物的大范围地理位移。

图4-4 影响物流运输需求的主要因素

四、运输需求预测方法

运输需求预测方法一般分为定性分析方法和定量分析方法。其中,在本书的第三章重点阐述了库存需求预测方法,相关方法普遍适用于不同类型的预测分析。在本章中,不再重新叙述相关方法的理论知识。从实际运作的角度出发,运用具体案例加强实际统计操作。

【例4-3】已知某物流企业2003—2009年运输量资料如表4-6所示,试运用回归分析方法预测该企业2013年运输量。

表4-6 某物流企业2003—2009年运输量

年 份	运输量(万吨)	x	xy	x^2
2003	12.4	1	12.4	1
2004	13.8	2	27.6	4
2005	15.7	3	47.1	9
2006	17.6	4	70.4	16

续 表

年　份	运输量(万吨)	x	xy	x^2
2007	19.0	5	95.0	25
2008	20.8	6	124.8	36
2009	22.7	7	158.9	49
合　计	122	28	536.2	140

解：(1) 利用公式 3-32、公式 3-33、公式 3-34 计算可以得出

$$待定系数：b = \frac{n\sum_{i=1}^{n}x_iy_i - \sum_{i=1}^{n}x_i\sum_{i=1}^{n}y_i}{n\sum_{i=1}^{n}x_i^2 - (\sum_{i=1}^{n}x_i)^2} = \frac{7\times536.2 - 28\times122}{7\times140 - 28^2} = 1.72$$

$$a = \bar{y} - b\bar{x} = \frac{122}{7} - 1.72\times\frac{28}{7} = 10.55$$

因而，相关方程可以表示为

$$y = 10.55 + 1.72x$$

$$y_{2013} = 10.55 + 1.72\times11 = 29.74(万吨)$$

(2) 采用 EXCEL 进行线性回归分析，操作步骤同例 3-5。

表 4-7　EXCEL 输出的回归分析结果

	A	B	C	D	E	F	G	H	I
1	SUMMARY OUTPUT								
2									
3	回归统计								
4	Multiple	0.9993							
5	R Square	0.9985							
6	Adjusted	0.9982							
7	标准误差	0.1558							
8	观测值	7							
9									
10	方差分析								
11		df	SS	MS	F	nificance F			
12	回归分析	1	82.973	82.973	3416.53	3E-08			
13	残差	5	0.1214	0.0243					
14	总计	6	83.094						
15									
16		Coefficient	标准误差	t Stat	P-value	ower 95	per 95	限 95.0	限 95.0
17	Intercept	10.543	0.1317	80.047	5.8E-09	10.204	10.88	10.2	10.88
18	X Variabl	1.7214	0.0295	58.451	2.8E-08	1.6457	1.797	1.646	1.797

从表 4-7 回归分析结果可见，相关系数值为 0.9993，因而回归变量之间存在相关关系，其相关方程结果与公式计算结果相同。运用 EXCEL 工具进行数据回归分析，其运算结果较为清晰且运行迅速，便于实际操作。当然，通过公式计算获得结果便于学生更好地掌握计算原理。

【例 4-4】　某公司配送车次原始数据见表 4-8，移动平均期数 $n=3$，运用移动平

均法预测该公司 9 月份配送车次。

表 4-8 某公司配送车次原始数据

时间(月份)	配送车次 Y_t	时间(月份)	配送车次 Y_t
1	10	5	8
2	12	6	9
3	11	7	10
4	10	8	12

解：(1) 根据移动平均公式 3-27 和公式 3-28，计算得出 9 月份该公司的配送车次预测值为

$$F_9 = \frac{Y_6 + Y_7 + Y_8}{3} = 10.33$$

(2) 采用 EXCEL 进行移动平均，本例题中由于样本数据较少，故而只选取单一的移动平均间隔，具体操作步骤如例 3-2。表 4-9 中显示的为移动平均值，则根据移动平均法可得 9 月份的车辆配送次数为 10.33。

表 4-9 3 项移动平均输出结果

	A	B	C	D	E
1	时间（月份）	配送车次 Y_t	3项移动平均值	预测值	预测误差
2					
3	1月	10	—	—	—
4	2月	12	—	—	—
5	3月	11	11.0	—	—
6	4月	10	11.0	11.0	-1.0
7	5月	8	9.7	11.0	-3.0
8	6月	9	9.0	9.7	-0.7
9	7月	10	9.0	9.0	1.0
10	8月	12	10.33	9.0	3.0
11	9月	—	—	10.33	—

【例 4-5】 为了方便比较各预测模型的精度，本例题运用例 4-4 的数据，运用指数平滑法对 9 月份的配送车次进行预测（表 4-10）。

表 4-10 指数平滑表

时间(月份)	配送车次 Y_t	指数平滑预测值 $F_{t+1}(\alpha=0.3)$	指数平滑预测值 $F_{t+1}(\alpha=0.7)$
1月	10	10.0	10.0
2月	12	10.0	10.0
3月	11	10.6	11.4
4月	10	10.7	11.1

续 表

时间(月份)	配送车次 Y_t	指数平滑预测值 $F_{t+1}(\alpha=0.3)$	指数平滑预测值 $F_{t+1}(\alpha=0.7)$
5月	8	10.5	10.3
6月	9	9.8	8.7
7月	10	9.6	9.8
8月	12	9.7	9.9
9月	—	10.4	11.4

不同的指数平滑系数对预测结果的影响较大。从计算结果可以看出，在本题中，选择较大的指数平滑系数(0.7)求出的预测值要比用较小(0.3)的指数平滑预测值更接近实际发生值。

本 章 小 结

运输是物流最基本的功能之一，它提供物品转移和短时存储两大功能。按照运输设备及运输工具的不同，可以将物流运输方式分为五种基本类型：铁路运输、公路运输、水路运输、航空运输和管道运输。

物流运输统计是对物流运输环节的统计，是物流统计的重要组成部分。通过对物流运输过程中的各项数据进行统计分析，不仅能够及时了解当前运输情况，从中发现实际运作中存在的问题，更能够为今后的运输管理提供信息支撑。

货物运输量统计主要研究货运量、货物周转量、货物运输密度、平均距离等。物流运输工具统计则主要研究运输工具的行程、时间利用及载重能力利用率。

运输成本是物流成本中最大的单项成本，影响运输成本的主要因素包括有运输量、运输距离、运输方式、货物的密度、转运、服务水平、市场等。了解这些因素对运输成本的影响程度，对合理安排运输、降低运输成本至关重要。运输成本的主要统计指标包括运输总成本、单位运输成本、运输成本降低额、装卸总成本、包装成本、配送成本等。

运输需求统计分析是根据运输需求规律、历史和现状，分析相关因素，对运输需求发展的状况、前景和趋势进行推测研究。影响物流运输需求的主要因素有六个，分别为市场价格、国家经济政策、国内国际贸易、工农业生产发展、自然因素和地理经济因素。

第五章　物流包装统计分析

引导案例

我国塑料包装箱及容器产量分省市统计表(2010年1—12月)

　　塑料包装箱包括：塑料周转箱、食品塑料周转箱、饮料塑料周转箱、塑料物流周转箱、防静电塑料周转箱等属于包装及包装材料类型。一般塑料包装材料多系一次性使用，先进的PP、PE中空板标准生产线生产的中空板材幅可达2 200毫米、厚度可达12毫米，可生产目前所有规格的塑料周转箱和集装箱货物的包装。

地 区	塑料包装箱及容器(吨)			
	12月产量	1—12月累计	12月同比增长(%)	1—12月累计同比增长(%)
全 国	320 810.46	3 430 784.73	19.74	20.39
北 京	8 229.59	90 115.68	−2.45	7.57
天 津	16 023.79	151 963.74	157.57	100.86
河 北	22 095.46	194 072.62	102.64	102.82
山 西	1 483.00	8 577.00	21.06	−2.49
内蒙古	970	15 332.61	−0.78	47.83
辽 宁	5 925.30	87 152.27	36.55	31.45
吉 林	6 163.00	45 348.00	154.28	75.53
黑龙江	16	1 137.00	−77.24	10.95
上 海	33 301.60	375 701.16	4.18	13.74
江 苏	16 883.34	212 351.23	13.29	11.37
浙 江	38 819.02	436 580.71	1.57	9.6
安 徽	10 756.50	88 360.53	61.92	38.41
福 建	4 160.96	38 088.01	72.46	59.1
江 西	3 324.28	28 998.03	−27.46	11.29
山 东	14 370.59	241 493.71	−27.07	−1.02
河 南	9 612.80	91 918.40	65.33	29.53

续 表

地 区	塑料包装箱及容器(吨)			
	12月产量	1—12月累计	12月同比增长(%)	1—12月累计同比增长(%)
湖 北	14 910.27	128 249.49	123.18	53.13
湖 南	18 960.30	190 345.80	22.47	11.38
广 东	55 336.28	588 245.08	−5.8	−0.44
广 西	15 058.04	137 154.24	133.11	128.23
海 南	510	4 553.00	8.28	20.04
重 庆	3 769.59	44 005.52	−11.1	19.26
四 川	13 289.17	155 388.30	3.2	24.46
贵 州	252.35	3 164.78	−35.98	−11.84
云 南	941	14 091.00	40.45	40.54
西 藏				
陕 西	1 475.98	16 183.70	35.37	−13.35
甘 肃	121.05	2 096.93	−7.36	−2.72
青 海				
宁 夏	1 342.00	2 151.00	641.44	88.19
新 疆	2 709.20	37 965.19	64.1	38.37

资料来源：博思数据研究中心，http://www.bosidata.com。

讨论题

1. 说一说你所接触过的包装材料，它们各自的优缺点是什么？
2. 你认为物流包装统计的内容是什么？

学习要点

1. 了解商品包装相关知识，区分生产包装和销售包装。
2. 掌握包装的种类和功能。
3. 了解包装总成本构成。
4. 掌握包装总成本控制以及属性层次分析法。

重点与难点

1. 包装的功能。
2. 包装总承包。

3. 运用属性层次模型控制包装成本。

本章导语

在现代物流观念形成以前，包装被看作生产的终点，是属于生产领域的活动。包装的设计往往主要从生产终结的要求出发，因而常常不能满足流通的要求。当现代物流的理论完善后，包装被纳入物流系统之中。可以说，这是我国包装业的一大进步。但是，在当前各种现代物流理论研讨会、物流技术展览会等盛况空前的形势下，物流包装好像一只"丑小鸭"，人们的目光和关注很少落在它的身上，对包装的认识也依然停留在传统物流的层面上。与仓储、运输、配送等形成鲜明的对比，包装成为现代物流概念中一笔带过的词汇。因此，发展包装产业已成为现代物流工作的重中之重。本章通过对商品包装的相关知识的介绍，让读者对商品包装的分类、功能有一些概念；通过降低包装成本的介绍，让读者了解包装在物流环节中对降低成本的价值。特殊包装、包装废弃物、绿色包装相关知识也值得了解。

第一节 商品包装相关知识

一、商品包装的类型

商品包装是商品生产环节的继续。除了少数难以包装、不值得包装，或者根本没有必要包装而采取裸装或散装的商品外，绝大多数商品都需要适当包装后才能进入流通领域和消费领域。根据在流通过程中所起作用的不同，商品包装可以分为运输包装和销售包装。

(一) 运输包装

运输包装又称为外包装，其主要作用是保护商品和防止出现货损、货差。由于国际贸易中的运输条件较为复杂，为了保证货物安全到达，货物的运输包装必须科学合理，符合下列条件。

(1) 要适应商品的特性，防止货物破损、变质、污染等损失发生。

(2) 要适应各种不同运输方式的要求。例如，海运包装要求牢固、防挤压、防碰撞；铁路运输要求包装防震；航空运输要求包装轻便等。商品包装必须符合有关国家法律、法规的规定和客户的要求，如美国政府规定，凡未经过处理的中国木制包装一律不准入境；阿拉伯国家规定进口商品的包装禁用六角星图案等。此外，如果客户对包装提出某些特定要求，也要根据需要和可能予以满足。

(3) 要便于各环节有关人员进行操作。这就要求包装设计合理，包装规格、重量、体积适当，包装方法科学，包装标识清楚，以适应运输包装标准化的要求。

(4) 要适度包装，在保证包装牢固的前提下节省包装费用。运输成本的高低往往与运输包装的重量、体积有着直接的关系。包装费用直接影响着企业的经济效益，因此选用的包装材料要轻便、结实、适度。

在国际贸易中,运输包装多种多样。按照包装方式划分,运输包装有单件包装和集合包装。前者是将货物在运输过程中以单个包装作为计件单位进行包装;后者将若干单件运输包装组合成一件大包装,常见的有集装包和集装袋。

按照包装造型不同,运输包装可分为箱、袋、包、桶、捆等不同形状的包装。按包装材料不同,运输包装可分为纸制、金属、木制、塑料、麻制品、竹、柳、草制品、玻璃制品和陶瓷制品等。按包装质地划分,运输包装有软性包装、半硬性包装和硬性包装。按包装程度划分,运输包装可分为全部包装和局部包装。在国际贸易中,究竟采用何种运输包装,应根据商品的特性、形状、贸易习惯、运输路线的自然条件、运输方式及有关费用的开支等因素综合考虑,并在合同中谈妥订明,否则极易产生贸易纠纷。

(二) 销售包装

销售包装又称内包装,是直接接触商品并随商品进入零售网点和消费者直接见面的包装。这种包装除了防护功能外,更主要的是起到促销作用。美观的造型结构、装潢画面和精美的说明文字,将大大加强对外竞销的能力。为了使销售包装适应国际市场需要,在设计制作销售包装时应体现下列要求。

(1) 商品的造型结构要适用于陈列展售。

(2) 文字说明要清楚鲜明,便于识别商品。

(3) 包装的大小要适当,方便携带和使用。

(4) 销售包装要尽量精美,具有艺术吸引力,以提高附加值。

销售包装可采用不同的包装材料和造型结构与式样,要根据商品特性和形状而定。常见的销售包装有挂式包装,如具有吊钩、吊带、挂孔等装置;堆叠式包装,如罐、盒;携带式包装,如在包装上附有提手装置;易开包装,如易拉罐;喷雾包装,适用于流体商品;配套包装,即将不同规格的商品配套装于同一包装内;礼品包装,多采用华丽名贵的装饰;复用包装,这种包装除了用作销售外,还可用于存放其他商品或供人们观赏等多种用途。除了包装的式样外,在销售包装上一般还附有装潢画面,不仅要美观大方、富有艺术吸引力、突出商品特点,还要适应有关国家的民族习惯和爱好。

目前在零售市场上,商品的销售包装通常印有条形码。所谓条形码(UPC或EAN),就是在商品包装上打印的一组黑白、粗细间隔不等的平行线条,下面配有数字的标记。条形码通过光电扫描设备,可以识别判断该产品的产地、厂家及有关商品的属性,并可查询商品单价进行货款结算,能够更有效地为客户服务,提高货物管理效率。目前发达国家已经普遍采用条形码,所以我国商品要想进入国际市场,不仅商品的质量、包装要符合有关国际标准的要求,还要符合国外超市自动扫描结算的要求,否则即使是名优产品也只能当作低档商品进入廉价商店。

二、物流包装的功能

包装功能是指对于包装物的作用和效应,从产品到商品,一般要经过生产领域、流通领域、销售领域,最后才能到达消费者手中,在这个转化过程中,包装起着非常重要的作用。

包装的功能主要有两方面：一是自然功能，即对商品起保护作用；另一是社会功能，即对商品起媒介作用，也就是把商品介绍给消费者，把消费者吸引过来，从而达到扩大销售占领市场的目的。

这两种功能相辅相成。自然功能保护商品处于完好状态，为社会功能的实现提供可能；社会功能把商品尽快地推向消费者手中，使自然功能有效实现。对于一种商品来说，包装的自然功能和社会功能如何，直接影响到该商品在市场中的竞争力。

综合包装的功能，大致又可细分为保护与盛载功能、储运与促销功能、美化商品和传达信息的功能、环保与卫生的功能、循环与再生利用功能等。

（一）保护与盛载

保护与盛载被包装物是包装制品的最基本功能。被包装物品的复杂性决定了它们具有各样的质地和形态，有固体的、液体的、粉末的或膏状的等。这些物品一旦形成商品后，就要经过多次搬运、贮存、装卸等许多过程，最后才能流入消费者手中。在以上流通过程中，都要经历冲撞、挤压、受潮、腐蚀等不同程度的损毁。如何将商品保持完好状态、使各类损失降到最低点，这是包装制品生产制造之前首先考虑的问题，同时也是选材设计乃至结构设计的理论依据。具体表现在以下七个方面。

（1）防止震动、挤压或撞击：商品在运输过程中要经历多次装卸、搬运，如震荡、撞击、挤压及偶然因素，极易使一些商品变形、变质。因此，在包装选材上应该选取那些具有稳定保护性的材料，设计结构合理的盛装制品才能充分发挥包装的功能。

（2）防干湿变化：过于干燥、过分潮湿都会影响某些被包装物品的品质，在这一类物品的包装选材上，就应选取通透性良好的材料。

（3）防冷热变化：温度、湿度高低会影响某些商品的性质。适宜的温度、湿度有利于保质保鲜，不适宜的温度、湿度往往造成商品干裂、污损或霉化变质。因此，包装在选材上要考虑温度、湿度变化会对包装的适应性的影响。

（4）防止外界对物品的污染：包装能有效地阻隔外界环境与内装物品之间的联系，形成一个小范围的相对"真空"地带，这样，可以阻断不清洁环境产生的微生物对内装物品的侵害，防止污物接触物品而使其发生质变。

（5）防止光照或辐射：有些商品不适于紫外线、红外线或其他光照直射，如化妆品、药品等，光照后容易产生质变，使其降低功效或失去物质的本色。

（6）防止酸碱的侵蚀：一些商品本身具有一定的酸碱度，如果在空气中与某些碱性、酸性及具有挥发性的物质接触时，就会发生潮解等化学变化，影响被包装物质本质，如油脂类，用塑料制品包裹时间过长，就会产生化学变化而影响产品的品质。

（7）防止挥发或渗漏：许多种液态商品的流动性，极易使其在储运过程中受损，如碳酸饮料中溶解的二氧化碳膨胀流失、某些芳香制剂和调味品挥发失效等，而包装物的选择恰恰能避免其特性的改变。

（二）储运与促销

由于包装与被包装物都属于商品，商品在流通领域中就存在着运输储存等客观因素。各类商品大小形态不一，这样会给运输或储存带来许多不便，而包装恰恰能够解决这一问题,它可以统一商品的大小规格,以方便贮运或流通过程中的搬运或数量的清点。同时,包装物还可以印以各类图形、文字,利用鲜明的色彩,提醒消费者使用或注意,以达到促进消费的最终目的。如香烟包装上的"吸烟有害健康"的字样,提醒人们在购买这类商品时应引起注意,同时使消费者受到教育。在食品包装中,关于注意卫生或其他方面的教育也屡见不鲜。

(三) 美化商品与传达信息

包装中视觉效果的传达是包装中的精华,是包装最具商业性的特质。包装通过设计,不仅使消费者熟悉商品,还能增强消费者对商品品牌的记忆与好感,贮存对生产商品企业的信任度。包装物还可以通过造型给人以美感,体现浓郁的文化特色。包装物品以明亮鲜艳的色调,使之在强烈的传统文化节律中表达或渗透着现代的艺术风韵和时代气息。这就使包装的商品具有生命活力和美妙的诗意,当然商品的自身价值也会提高。有的包装制品甚至可以当作艺术品供人玩味珍藏。这样一来,就能将消费环节的诸多因素调动起来,在消费环节中进行全方位的渗透,以达到促进消费的最佳实效。

(四) 卫生与环保

包装就是将各类物品盛装在特定的容器中,在盛装之前包装物都要经过清洗、干燥、消毒、除尘等工序的处理。盛装物品后,使物品与外界细菌或有毒物质隔离,在一定程度上保持了物品加工流通过程中的稳定性。包装的这个功能恰恰减少了物品的二次污染,充分体现了现代文明社会中产品卫生的首要准则。包装制品除了美观大方、便于使用外,更要无毒无污染。特别是近几年刚刚兴起的包装行业中的绿色革命,在人们心目中形成了环保消费的观念。提倡消费者使用那些可以循环再生利用的或是不会造成环境污染的包装制品,如我们常见的啤酒瓶、可降解的一次性快餐盒等,已广为人知,并备受广大消费者的青睐。那些污染性强的包装物,一方面已被限制或禁止使用,另一方面也没有市场前景,最终要被社会所淘汰。

(五) 循环与再生利用

包装制品有许多是可以多次循环使用的,有的可以通过回收处理后反复使用,有的通过有效的方式进行再加工处理,也可制成包装制品。包装制品的这种循环与再生利用功能,可降低包装制品的成本,又可充分利用和节省资源,符合可持续发展的要求。

(六) 成组化与防盗功能

成组化是指将同一种商品或同一类商品或不同类商品,以包装为单位,通过中包、大包的形式将其组合包装在一起,使包装后商品的功能更加完备,从而达到一个新的商品价值和使用效果的过程。

防盗功能是保护功能的延伸,是为防止被包装的商品遗失而设计的一种特殊功效,如包装药品罐的铅封一旦被打开,就会留下明显的开启痕迹,从而起到报警作用。

三、物流包装种类统计

(一) 散装

商品在物流运输过程中,不一定都需要包装。主要对一些大宗的、廉价的、成粉粒块状的货物,以及不必要包装、不值得包装的货物疏散地装载在运输工具内,如煤炭、矿砂、粮食、石油等。越来越多的大宗颗粒状或液态商品,如粮食、水泥、石油等,都采用散装方式,即直接装入运输工具内运送,配合机械化装卸工作,既降低成本又加快速度。

(二) 裸装

有一类可以自行成件的商品,主要是指一些自然条件能抵抗外在影响,不必要用包装的货物,在存储和运输过程中可以保持原有状态,如圆钢、钢板、木材等在运输过程中,只需捆扎即可,这种方式称为裸装,如车辆、钢材、木材等。

(三) 件货

有包装或无包装的成件货物(包括捆扎成件的货物)统称为件货。件货进出口时应填报件货的运输包装的种类及其制作材料。件货又分单件运输包装和集合运输包装。单件包装,指货物在运输过程中作为一个计件单位的包装,常用的有箱、包、桶、袋、篓、罐等,填报时应带有包装材料,如木箱、纸箱、木桶、铁桶、塑料桶、麻袋、纸袋、塑料袋等。

(四) 集合包装

集合包装是在单件包装的基础上,把若干单件组合成一件大包装,以适应港口机械化作业的要求。集合包装能更好地保护商品,提高装卸效率、节省运输费用。常见的集合包装方式有集装包、托盘、集装箱等。

第二节 包装成本

一、包装总成本

包装总成本是指企业为完成产品的包装业务所需付出的费用,即在包装作业的整个过程需要的人力、物力和财力的总和,通常以货币的形式来表现。具体包括包装采购、方案设计、产品加工、物流配送、包装服务及回收利用等整套系统作用所发生的全部费用之和。

包装成本是企业的包装系统为完成包装作业活动、实现包装产品在各个环节完成相关功能所产生的费用总和。包装产品在实际使用前,需完成材料选择、方案设计、制品加工等环节,而后投入使用以致完成作业回收处理,之中的包装配送、现场打包、包装产品库存管理、运输、仓储及回收等环节都需要投入相应的成本,才能保证包装系统的正常运行。包装业务操作时,需要根据实际情况对成本进行合作配置,使得包装总成本达到最优,真正体现出整体包装解决方案的优势和价值所在。

二、包装总成本的构成

根据包装作业全过程,建立包装总成本体系,主要涉及包装物成本、包装使用成本和包装流通成本。

包装物成本。主要有包装材料采购成本、设计成本和制造成本。包装材料采购成本是企业对所需包装材料进行采购所产生的费用。设计成本是包装企业在为客户提供整体包装方案前,需设计一个包装系统,从项目开始、方案优化至项目完成整个过程所投入的总成本。制造成本是指包装制品加工过程中所产生的费用,包括车间费用、机器维修及折旧费用、工人工资及福利等。

包装使用成本。主要分为包装制品配送成本、现场打包成本和库存管理成本三个方面。包装制品配送成本是企业完成包装制品加工后,为客户进行物流配送服务所产生的费用。打包成本是整体包装供应商为客户提供现场打包服务所产生的成本。库存管理成本是包装供应商或客户对包装制品进行仓储及管理过程的费用。

包装流通成本。主要包括运输成本、仓储成本和回收成本。运输成本是包装产品借助运输工具在空间和时间上位置变化所产生的成本。仓储成本是包装原材料、半成品和包装制品在仓库储存和管理过程的成本。回收成本是对已经完成包装功效而报废的或可再利用的包装产品进行整理、运输、仓储、再利用和分解等过程中所支出的人力、物力和财力费用总和。

在对包装总成本进行有效控制之前,需要合理地分析各成本影响因素,这样才能更好地达成成本控制的目的,起到事半功倍的效果。包装总成本的影响因素是产品因素、流通环境因素、市场环境因素和物流因素。

第三节 运用属性层次法控制包装总成本

一、包装总成本控制

包装总成本控制,就是在包装作业过程中对包装成本各组成部分,按照事先预定目标成本加以监控,对出现的成本偏差问题及时纠正,从而使包装过程各资源消耗费用限定在目标范围之内。

包装总成本控制体系由包装总成本预算、包装总成本核算、包装总成本分析、包装总成本控制策略和包装总成本考核五部分组成。包装总成本预算为成本事前控制,根据每套包装方案的生产安排和销售计划制定出适度的包装费用预算,为包装目标总成本;包装总成本核算与包装总成本分析为成本事中控制,根据项目费用支出及方案实施总结整理数据,分析预算成本投入情况,及时调整包装成本控制策略,并对实际成本投入进行核算,为包装实际总成本;包装总成本考核为事后控制,是对包装实际总成本进行评价分析,并进行信息反馈,激励成本控制实施进展,完成包装总成本综合控制分析过程,其控制体系如图5-1所示。

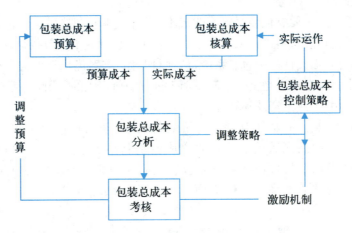

图 5-1 包装总成本控制体系

二、包装总成本控制流程

不同包装企业的核心产品不同、经营模式不同,其成本控制手段也不大相同,而企业包装成本的控制过程都是依据其过程的特点而制定的。主要控制流程如图 5-2 所示,具体内容如下。

(1) 分析企业包装成本控制模式与现状,对现有包装成本作出详细的分析。

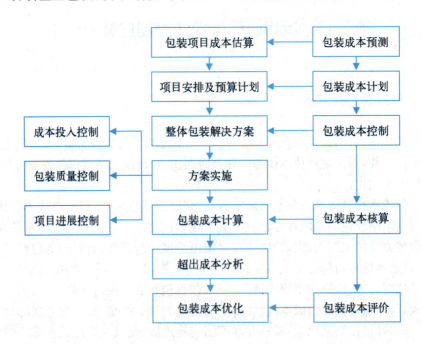

图 5-2 包装总成本控制流程

(2) 根据所分析的包装成本结果,合理选择适合企业现状的包装总成本核算方法来对包装总成本进行核算。

(3) 根据包装总成本核算结果,分析企业现包装总成本存在问题,并进行改善。

(4) 加强包装总成本控制体系的完善,进一步优化包装总成本。

三、属性层次法

层次分析法(analytic hierarchy process,简称 AHP)是由美国运筹学家萨蒂于 1977 年提出的,此方法是建立在测量模型的基础之上,通过元素的排列问题进行定性和定量分析的决策方法。相对于层次分析法,是程乾生教授所创立的属性层次模型——AHM(attribute hieratchical model),其决策过程与 AHP 模型基本一样,分为:① 建立评价指标体系和层次结果划分;② 构造属性判断矩阵并计算相对权重;③ 计算合成权重,给出评价结果。它无须像层次分析法那样,尤其是要在第二步中进行特征向量计算以及一致性检验,大大减少了运算量,实际操作起来也更加简便易行,从而有效地进行评价决策。

在本书中,我们以高压套管包装总成本为研究对象,运用属性层次法来计算和控制高压套管包装总成本,延展用于包装成本控制。

(一) 包装总成本各指标的选取

包装总成本受到多种因素影响,将其按照用途分为三类:包装物成本的影响、包装使用成本影响和包装流通成本影响。在前面已经提到这三类成本包括的成本费用。

根据影响因素的划分,将最优包装总成本作为指标的最高层,即目标层;将包装物成本 I_1、包装使用成本 I_2、包装流通成本 I_3 三个方面展开,建立该评价指标体系第二层,即一级评价指标。在每个准则层指标下同时设定三个二级评价指标,作为指标体系的次准则层,构建包装总成本评估层次结构,如图 5-3 所示。

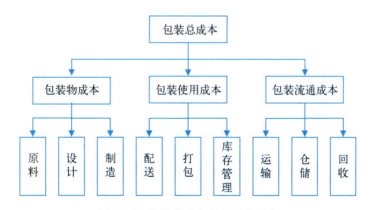

图 5-3 包装总成本评估层次结构

(二) 划定评价等级

包装总成本的属性综合评价系统,对某个样品方案测量 m 个指标 $I_1, I_2, \cdots, I_m$ 作为评价系统的输入,即包装产品在整个生命周期内对采购、生产、流通等成本的实际测量值;而该样品包装成本属于哪类的判断作为系统的输出,即评价类。每个指标按照百分制划分为四个等级:C_1——差,C_2——一般,C_3——良好,C_4——优秀,由其构成等级集合 $C = (C_1, C_2, C_3, C_4)$,如表5-1所示。

表5-1 包装成本评价指标等级划分

二级指标	C_1	C_2	C_3	C_4
I_{j1}	0—60	60—80	80—90	90—100
I_{j2}	0—60	60—80	80—90	90—100
I_{j3}	0—60	60—80	80—90	90—100

(三)指标权重的确定

根据评价指标体系,采用专家调研与层次分析法相结合的方式采集数据,对于同级指标,参照萨蒂教授的1—9重要性判断标度表对各指标进行相对重要性判断,建立属性判断矩阵,并计算各评价指标相对权重,如表5-2—表5-5所示。

表5-2 I 属性判断矩阵

I	I_1	I_2	I_3	w_1
I_1	0	6/7	7/8	0.577 4
I_2	1/7	0	1/4	0.130 9
I_3	1/8	3/4	0	0.291 7

表5-3 I_1 属性判断矩阵

I_1	I_{11}	I_{12}	I_{13}	w_{11}
I_{11}	0	5/6	3/4	0.527 8
I_{12}	1/6	0	3/4	0.305 6
I_{13}	1/4	1/4	0	0.166 7

表5-4 I_2 属性判断矩阵

I_2	I_{21}	I_{22}	I_{23}	w_{12}
I_{21}	0	5/6	6/7	0.563 5
I_{22}	1/6	0	1/4	0.138 9
I_{23}	1/9	1/8	0	0.297 6

表 5-5　I_3 属性判断矩阵

I_3	I_{31}	I_{32}	I_{33}	w_{13}
I_{31}	0	4/5	3/4	0.5167
I_{32}	1/5	0	3/4	0.3167
I_{33}	1/4	1/4	0	0.1667

对上述判断矩阵所得各评价指标的相对权重进行整理统计,如表 5-6 所示。

表 5-6　包装总成本评价模型

评价对象	一级指标	一级指标权重	二级指标	二级指标权重	测量值 t_{ij}
包装总成本 I	包装成本 I_1	0.5774	原料 I_{11}	0.5278	96
			设计 I_{12}	0.3056	92
			制造 I_{13}	0.1667	82
	包装使用成本 I_2	0.131	配送 I_{21}	0.5635	94
			打包 I_{22}	0.1389	92
			库存管理 I_{23}	0.2976	95
	包装流通成本 I_3	0.2917	运输 I_{31}	0.5176	88
			仓储 I_{32}	0.3167	87
			回收 I_{33}	0.1667	91

(四) 包装总成本属性识别综合评价分析

评价集 C 有四个等级 C_1, C_2, C_3, C_4 指标,按照构造得出各个二级指标属性测度函数如下。

$$\mu_{Aj1}^{(1)}(t) = \begin{cases} 1, & t < 50 \\ \dfrac{|t-70|}{20}, & 50 \leqslant t \leqslant 70 \\ 0, & t > 70 \end{cases}$$

$$\mu_{Aj2}^{(2)}(t) = \begin{cases} 0, & t < 50 \\ \dfrac{|t-50|}{20}, & 50 \leqslant t \leqslant 70 \\ 1, & 70 < t < 75 \\ \dfrac{|t-85|}{10}, & 75 \leqslant t \leqslant 85 \\ 0, & t > 85 \end{cases}$$

$$\mu_{Aj3}^{(3)}(t) = \begin{cases} 0, & t < 75 \\ \dfrac{|t-75|}{10}, & 75 \leqslant t \leqslant 85 \\ \dfrac{|t-95|}{10}, & 85 < t \leqslant 95 \\ 0, & t > 95 \end{cases}$$

$$\mu_{Aj4}^{(4)}(t) = \begin{cases} 0, & t < 85 \\ \dfrac{|t-85|}{10}, & 85 \leqslant t \leqslant 95 \\ 1, & t > 95 \end{cases}$$

将专家对各指标的测量值代入之上所得二级指标属性测度函数中,可得二级指标 I_{ij} 属性测度。如表 5-7 所示。

表 5-7 各二级指标的属性测量

指标测量值	属于 C_1 属性测度	属于 C_2 属性测度	属于 C_3 属性测度	属于 C_4 属性测度
t_{11}	0	0.0	0.0	1.0
t_{12}	0	0.0	0.3	0.7
t_{13}	0	0.3	0.7	0.0
t_{21}	0	0.0	0.1	0.9
t_{22}	0	0.0	0.2	0.8
t_{23}	0	0.0	0.0	1.0
t_{31}	0	0.0	0.6	0.4
t_{32}	0	0.0	0.8	0.2
t_{33}	0	0.0	0.4	0.6

根据表 5-6 高压套管包装总成本评价指标数据及多指标综合属性分析公式,可得到一级指标属性测度,如表 5-8 所示。

表 5-8 一级指标的属性测量

各指标测量值	属于 C_1 属性测度	属于 C_2 属性测度	属于 C_3 属性测度	属于 C_4 属性测度
t_1	0	0.05	0.208 3	0.741 7
t_2	0	0.00	0.084 1	0.915 9
t_3	0	0.00	0.630 0	0.370 0

由于产品包装方案经济成本 I 的一级指标权重系数为: $w_I = (0.577\ 4, 0.130\ 9, 0.291\ 7)$,可得该方案经济性综合属性测度为

$$\mu_I = \sum_1^{m=3} \omega_I \mu_{IK} = (0, 0.0289, 0.315, 0.656)$$

按照置信度原则,取置信度 $\lambda = 0.6$,由于 $0.656 > 0.6$,则综合评价该包装方案总成本应判定为优秀等级。

可以说,通过属性分析法,建立高压套管产品的整体包装成本综合评价指标体系,通过构建属性识别模型,确定各个评价指标相对权重系数,合理给出了包装总成本属性识别分析及评价方法。最后通过产品包装成本评价分析的运用,说明该模型过程简便易懂,同时置信度准则所得评价结果更加客观科学。该模型可以根据实际情况调整评价指标的重要性,为保证经济性分析及方案评审提供了一种合理有效的评价方法。

第四节 日本夏普公司的绿色物流包装

一些发达国家迫于资源危机和防止污染的双重压力,纷纷发展"绿色包装"。日本夏普公司设计易于再循环包装容器和包装材料是其绿色物流的行动计划之一。夏普公司通过观察发现,对于家用电器类商品,大多数垃圾一般都来自包装箱里的减震物。因此,公司开发出用纸板制作的缓冲材料来取代原先的普通塑料,这样不仅废弃后容易降解,而且也容易再生。另外,公司还开发出可反复使用的安全气袋作为包装袋的减震衬垫,这一做法使得日本的聚苯乙烯消耗量每月降低了 216 立方米。夏普公司还设计了一种特殊结构的纸箱用来包装音频产品,它可以轻松地折叠成体积较小、便于处理的形状,可以多次重复使用,减少了耗材。瑞典有一家乳品厂,设计了一种用聚碳酸酯制成的塑料奶瓶,可以重复使用 75 次。大大减少了包装废弃物,同时节约了包装材料。

绿色包装方式必须满足包装材料的绿色性、包装产品制造环节的绿色性以及包装材料消耗的最少量化。要减少物流包装材料的消耗,一是要考虑可重复使用的包装容器结构,二是采用集合包装方式。

1. 可重复使用的物流包装

可重复使用的物流包装容器在其储存和运输上一定要方便、成本低,并具有一定的承载力。一般在容器的适当地方采用活动的连接方式使其可折叠、可拆卸。现在出现的这类容器有三种:一是有盖(从中间分别向两边打开)或无盖的四个侧面设计成具有一定楔角形式的塑料制可套放的物流包装容器,它们套放在一起,就可降低其运输成本和储存成本;二是铰链连接,四个侧面可拆卸,并与底部、顶部分离的木质散货包装容器,经过拆卸后,就可将其折叠成平板状,方便储运;三是一些用于散货、小件杂货等物流包装的金属制网箱也都采用这种可拆卸的结构形式。

2. 集合包装方式

集合包装是将一定数量的包装件或产品装入具有一定规格、强度并能长期周转使用的更大包装容器内,形成合适的搬运单元的包装技术。它能节约包装材料、降低包装成本,还能促使物流包装标准化和规格化。集合包装的方式较多,如集装箱集装袋、托盘集装、无托盘集装、框架集装等。其中,用塑料托盘代替木质托盘已成为欧美等国的首选绿色包装方式,因为塑料托盘不仅可以全部回收利用,减少了因此产生的垃圾,还防止了每年成千上万平方米森林的损失。

【课后思考】 日本夏普公司对包装进行了哪些优化改进?产生了怎样的效果?我们应该如何理解"绿色包装"?如何进行"绿色包装"?

本 章 小 结

根据在流通过程中所起作用的不同,商品包装可以分为运输包装和销售包装。

包装的功能主要有两方面:一是自然功能,即对商品起保护作用;二是社会功能,即对商品起媒介作用,也就是把商品介绍给消费者,把消费者吸引过来,从而达到扩大销售占领市场的目的。

包装的种类包括散装、裸装、件货、集合包装。

包装总成本主要涉及包装物成本、包装使用成本和包装流通成本。

属性层次法,即建立包装总成本综合评价指标体系,通过构建属性识别模型,确定各个评价指标相对权重系数,合理给出包装总成本属性识别分析及评价方法。

第六章 物流配送统计分析

引导案例

电商发展如火如荼,配送中心地位提高

电子商务的发展如火如荼,物流中心地位也逐年提高,运输中转显得尤为重要,为保证电子商务的发展,各巨头纷纷自建物流。以京东商城为例,在北京、上海、广州、武汉、成都共拥有五个一级物流中心,实现了 110 个城市独立配送,自建物流占配送份额的 72%,但主要集中在北京、上海、广州三个配送中心。为进一步扩大商城销售额,计划在沈阳、西安建立两个一级物流中心,并开工建设 25 个二级物流中心,实现 350 个城市的配送能力。

不断扩建物流中心,是需要投入成本的。如何在运输过程中有效选择物流中心中转,充分利用物流中心的中转、运输能力,降低物流成本显得尤为重要。

讨论题

1. 物流配送中心指的是什么?有什么特征?有什么作用?
2. 如何分配物流配送中心的货物,保持运输能力与市场需求的平衡?

学习要点

1. 了解物流配送。
2. 了解物流配送中心的职能和作用。
3. 掌握 EIQ 和 DRP 的概念,学习掌握相关的分析方法。

重点与难点

1. 配送中心的基础资料分析。
2. EIQ 实例分析。
3. Lingo 软件优化配送路线。

本章导语

本章向读者介绍配送中心来介绍物流的配送职能,介绍了 PCB 分析,DRP、EIQ 分析等概念;以配送中心为主要内容,介绍日常事务,分析配送中心的物品特性,并进行

PCB 分析、EIQ 分析。介绍了配送需求计划的概念,运用实例探讨 DRP 的应用;介绍了 EIQ 对于配送中心物料规划拣选系统的作用;利用 Lingo 软件来优化设计配送路线。

第一节 物流配送

物流配送是按用户的订货要求,在物流据点进行分货、配货工作,并将配好货物送交收货人的活动。它是流通加工、整理、拣选、分类、配货、配装、运送等一系列活动的集合,即在集货配货的基础上,按用户在种类、品种搭配、数量、时间等方面的要求所进行的送运,是"配"和"送"的有机结合形式。物流配送是物流中一种特殊的、综合的活动形式,是商流和物流的紧密结合,包含商流活动和物流活动。通过配送,实现物流活动的合理化以及资源的合理配置,从而降低物流成本、增加产品价值、提高企业的竞争力。

物流配送作为实现连锁经营不可缺乏的重要组成部分,其效率很大程度上体现和决定着相关企业的经营水平和经营效益。

对配送的管理就是在配送的目标(即满足一定的顾客服务水平)与配送成本之间寻求平衡:在一定的配送成本下尽量提高顾客服务水平,或在一定的顾客服务水平下使配送成本最小,一般包括混合策略、差异化策略、合并策略、延迟策略等。

一、物流配送中心

配送中心,即从事配送业务的物流场所或组织,应基本符合下列要求:主要为特定的用户服务;配送功能健全;完善的信息网络;辐射范围小;多品种,小批量;以"配送为主,储存为辅",完成配送活动需要付出配送成本。

(一) 配送的商品

电子商务环境下对连锁经营产生巨大挑战,对配送中心商品的管理提出要求。对商品进行分类,有助于配送中心的设计和存储安排。

1. 按商品原材料分类

商品的原材料是决定商品质量和性能的重要因素,原材料的种类和质量不同,商品的质量也不同,从而使得商品具有截然不同的特征。以原料为标志分类的优点很多,还能从本质上反映各类产品的性能、特性,为确定仓储条件提供依据。

2. 按商品用途分类

所有商品可以按照用途分为生产资料和生活资料。生活资料又可以分为食品、医药用品、纺织用品等。

3. 按照商品其他特征分类

按照商品的产地、形状、尺寸、颜色等进行分类,如电视机按照尺寸大小来分类储存。

（二）影响配送中心规划的七大要素

配送中心的规划除了必须先了解是属于哪一种配送中心外，还要注意配送中心的规划要素，也就是指 E、I、Q、R、S、T、C 七个英文字母，它们分别代表的意义如下所示。

E——entry：配送的对象或客户。

I——item：配送商品的种类。

Q——quantity：配送数量。

R——route：物流渠道。

S——service：物流服务。

T——time：物流的交货时间。

C——cost：配送商品的价值或建造配送中心的预算。

二、商品合理储存

（一）商品合理储存的概念

商品合理储存就是指将商品受外界环境因素影响所发生的损失减少到最低程度而采取的储存手段和方法。它包括商品分区分类保管、库区及货区的合理布置和编号、合理地堆码苫垫、商品清仓盘点和在库检查制度等。

（二）商品储存策略

商品储存策略主要是确定储位的指派原则。良好的储存策略可以减少出入库移动的距离、缩短作业时间，甚至能够充分利用储存空间。一般常见的储存策略有以下五种。

1. 定位储放

每一种储存商品都有固定的储位，商品不能互用储位，因此必须规划每一项商品的储位容量不得小于其可能的最大在库量。

（1）优点：① 每项货品都有固定储放位置，拣货人员容易熟悉货品储位；② 货品的储位可按周转率大小（畅销程度）安排，以缩短出入库搬运距离；③ 可针对各种货品的特性做储位的安排调整，将不同货品特性间的相互影响减至最小。

（2）缺点：储位必须按各项货品之最大在库量设计，因此储区空间平时的使用效率较低。

（3）适用范围：定位储放容易管理，所花费的总搬运时间较少，但储区空间平时的使用效率较低，浪费较大。此策略较适用于两种情况：厂房空间大；多品种少批量商品的储放。

2. 随机储放

每一种商品被指派储存的位置都是经由随机的过程所产生的，而且可经常改变。也就是说，任何商品可以被存放在任何可利用的位置。随机原则一般是由储存人员按习惯来储放，且通常按商品入库的时间顺序储放在靠近出入口的储位。

（1）优点：由于储位可共用，因此只按所有库存货品的最大在库量设计即可，储区空间的使用效率较高。

(2)缺点：① 货品的出入库管理及进行盘点工作的困难度较高；② 周转率高的货品可能被储放在离出入口较远的位置，增加了出入库的搬运距离；③ 具有相互影响特性的货品可能相邻储放，造成货品的伤害或发生危险。

3. 分类储放

所有的储存商品按照一定特性加以分类，每一类商品都有固定存放的位置，而同属一类的不同商品又按一定的法则来指派储位。分类储放通常按产品的相关性、产品的流动性、产品的尺寸、重量、产品的特性等来分类。

(1)优点：① 便于畅销品的存取，具有定位储放的各项优点；② 各分类的储存区域可根据货品特性再进行设计，有助于货品的储存管理。

(2)缺点：储位必须按各项货品最大在库量设计，因此储区空间平均的使用效率低。

(3)适用范围：分类储放较定位储放具有弹性，但也有与定位储放同样的缺点，因而较适用于：① 产品相关性大者，经常被同时订购；② 周转率差别大者；③ 产品尺寸相差大者。

4. 分类随机储放

每一类商品有固定存放位置，但在各类的储区内，每个储位的指派是随机的。分类随机储放兼具分类储放及随机储放的特色。

(1)优点：既有分类储放的部分优点，又可节省储位数量，提高储区利用率。

(2)缺点：① 货品出入库管理及进行盘点工作的困难度较高；② 分类随机储放兼具分类储放及随机储放的特色，需要的储存空间量介于两者之间。

(3)适用范围：品种较多，仓库面积相对不足。

5. 共用储放

在确定知道各类商品的进出仓库时刻，不同的商品可共用相同储位的方式称为共用储放。共用储放在管理上虽然较复杂，所占的储存空间及搬运时间却更经济。

(1)优点：节省空间、缩短搬运时间。

(2)缺点：管理上比较复杂。

(3)适用范围：品种较少，快速流转的货品。

三、流通加工

流通加工是为了提高物流速度和物品的利用率，在物品进入流通领域后，按客户的要求进行的加工活动，即在物品从生产者向消费者流动的过程中，为了促进销售、维护商品质量和提高物流效率，对物品进行一定程度的加工。

(1)克服生产和消费之间的分离，更有效地满足消费需求。这是流通加工功能最基本的内容。在现代经济中，生产和消费在质量上的分离日益扩大和复杂。流通企业利用靠近消费者、信息灵活的优势，从事加工活动，能够更好地满足消费需求，使小规格、大批量生产与小批量、多样性需求结合起来。

(2)提高加工效率和原材料利用率。集中进行流通加工，可以采用技术先进、加工量大、效率高的设备,不但提高了加工质量,而且提高了使用率和加工效率。集中进行加工还可以将生产企业生产的简单规格产品,按照客户的不同要求,进行集中下料,做到量材使用,合理套裁,减少剩余料。同时,可以对剩余料进行综合利用,提高原材料的利用率,使资源得到充分合理的利用。

(3) 提高物流效率。有的产品的形态、尺寸、重量等比较特殊,如过大、过重产品不进行适当分解就无法装卸运输,生鲜食品不经过冷冻、保鲜处理,在物流过程中就容易变质腐烂等。对这些产品进行适当加工,可以方便装卸搬运、储存、运输和配送,从而提高物流效率。

(4) 促进销售。流通加工对于促进销售也有积极的作用,特别是在市场竞争日益激烈的条件下,流通加工成为重要的促销手段。例如,将运输包装改换成销售包装,进行包装装满加工,改变商品形象以吸引消费者;将蔬菜、肉类洗净切块分包以满足消费者的要求;对初级产品和原材料进行加工以满足客户的需要,赢得客户信赖,增强营销竞争力。

配送服务品质

1. 交货时间

物流服务品质中,物流的交货时间非常重要。交货时间太长或不准时都会严重影响零售商的业务。因此,交货时间的长短与守时成为物流业者的重要评估项目。所谓物流的交货时间是指从客户下订单开始,订单处理、库存查询、理货、流通加工、装车及卡车配送到达客户手上的这一段时间。物流的交货时间依厂商的服务水平不同,可分为4小时、12小时、24小时、2天、3天、一星期送达等。同样,物流的交货时间越短其成本也会越高,因此最合理的物流交货时间约为12小时或24小时,稍微比竞争对手好一点,但成本又不会增加。

除了物流的交货时间外,还有物流的送货频率,也就是多长时间内为同一客户送一次货。目前依各厂家的商品特性不同可分为一天两次、一天一次、两天一次、三天一次、四天一次等。最常见的是一天一次及两天一次的配送频率。全部都是一天一次或两天一次的配送频率,而每次订货的数量又不多时,对于物流业者来说成本太高。因此,目前的做法是以 EQ 分析的 ABC 分类而决定配送的频度。例如,A 级厂商的订货量较大则每天配送,B 级厂商的订货量中等则两天配送一次,C 级厂商的订货量较少则三天配送一次或是四天配送一次。也有例外,当客户的定购量达到经济配送量时,可以进行弹性调整,这样就可以符合客户的要求了。

2. 商品缺货率

商品缺货率也是物流服务品质的衡量指标之一,因为商品缺货往往造成零售业者很大的困扰及损失。因此,商品的缺货率越低则代表其服务品质越好。

影响商品缺货率的因素归纳为:准确的库存数量;日均销量;规范的到货时间;合理的订货周期;随机应变的变量系数;固定的最小库存量;合理订货周期;在途订货数量。

3. 顾客满意度

客户满意度是一个相对的概念,是指客户期望值与最终获得值之间的匹配程度,是客户在历次购买活动中逐渐积累起来的连续状态,是一种经过长期沉淀而形成的情感诉求。客户将其对一个产品或服务的可感知的效果与他的期望值进行比较后,所形成的愉悦或失望的感觉状态。

客户对服务的感知、客户对质量的感知、客户对价值的感知决定着客户满意程度，是系统的输入变量；客户满意度、客户抱怨、客户忠诚是结果变量。企业如果想减少客户的流失，就必须提高客户对服务的感知价值和客户所追求的质量、价格等附加价值。

对物流配送业可设具体观测点。

（1）客户对企业形象的感知，如企业信誉、企业声望、企业员工评价等。

（2）客户对服务态度的评价，如接单、出现意外事故、售后服务态度等。

（3）客户对服务质量的评价，如交货及时性、问题处理及时性、包装质量等。

（4）客户对服务可靠性的感知，如交货期、交货期变动性等。

（5）客户对价值的感知，是指在一定质量下的价格和一定价格下的质量，如性价比、使用费等。

4. 配送增值服务

增值服务是指根据客户需要，为客户提供的超出常规服务范围的服务，或者采用超出常规的服务方法提供的服务。创新、超出常规、满足客户需要是增值性物流服务的本质特征。

从仓储、配送上延伸出来的增值服务，如仓储的延伸服务有原料质检、库存查询、库存补充及各种形式的流通加工服务等，配送服务的延伸有集货、分拣包装、配套装配、条码生成、贴标签、自动补货等。这种增值服务需要有协调和利用其他物流企业资源的能力，以确保企业所承担的货物交付任务能以最合理的方式、尽可能低的成本来完成。

流通行销功能。这是配送中心的一个重要功能，尤其是现代化的工业时代，各项信息媒体的发达，再加上商品品质的稳定及信用，因此有许多的直销业者利用配送中心，通过有线电视或互联网等配合进行商品行销。此种商品行销方式可以大大降低购买成本，因此广受消费者喜爱。例如，在国外有许多物流公司的名称就是以行销公司命名。批发商型的配送中心、制造商型的配送中心与进口商型的配送中心也都拥有行销（商流）的功能。

仓储保管功能。商品的交易买卖达成之后，除了采取直配直送的批发商之外，均将商品经实际进入3PL的配送中心（货主企业除了备有必需的小面积的周转仓库，一般不再设大的仓库）、保管、流通加工包装而后出库，因此配送中心具有储存保管的功能。在配送中心一般都有库存保管的储放区，因为为了防止任何的商品缺货，或多或少都有一定的安全库存。商品的特性及生产前置时间的不同，则安全库存的数量也不同。一般国内制造的商品库存较少，而国外制造的商品因船期的原因库存较多，一般为2—3个月；生鲜产品的保存期限较短，因此保管的库存量较少；冷冻食品因其保存期限较长，因此保管的库存量比较多。

分拣配送功能。这是配送中心的另一个重要功能，因为配送中心就是为了满足多品种小批量的客户需求而发展起来的，因此配送中心必须根据客户的要求进行分拣配货作业，并以最快的速度送达客户手中或者是指定时间内配送到客户。配送中心的分拣配送效率是物流质量的集中体现，是配送中心最重要的功能。

流通加工功能。配送中心的流通加工作业包含分类、磅秤、材料及零部件的到货检验、大包装拆箱改包装、配合客户营销计划进行制成品的重新包装和组合、商标、标签粘贴作业等。这些作业是提升配送中心服务品质的重要手段。

信息提供功能。配送中心除了具有行销、配送、流通加工、储存保管等功能外,更能为配送中心本身及上下游企业提供各式各样的信息情报,以供配送中心作为营运管理政策制定、商品路线开发、商品销售推广政策制定的参考。例如,哪一个客户订多少商品,哪一种商品畅销,从 EIQ 分析资料中可以非常清楚地看到,甚至可以将这些宝贵资料提供给上游的制造商及下游的零售商当作经营管理的参考。

第二节 配送中心的基础资料分析

一、物品特性分析

物品特性是货物分类的参考因素。按储存保管特性可分为干货区、冷冻区和冷藏区;按货物重量可分为重货区和轻货区;按货物价值分为贵重货品区和一般货品区等。配送中心规划时首先需要对货物进行物品特性分析,划分不同的储存和作业区域。

二、PCB 分析

进行订单品项与数量分析时,仅针对订单出货资料进行分析,如果能配合相关物性、包装规格及特性、储运单位等因素,进行关联及交叉分析,则更易于对仓储及拣货区域进行规划。结合订单出货资料与物品包装储运单位的 EIQ-PCB 分析(P=托盘、C=箱子、B=单品),即可将订单资料以 PCB 的单位加以分类,再依各类别的资料个别分析。常见的例子为企业的订单资料中同时含有各类出货形态,包括订单中整箱与零散两种类型同时出货,以及订单中仅有整箱出货或仅有零星出货。为使仓储与拣货区适当地规划,必须将订单资料依据出货单位类型加以分割,以正确计算各区实际的需求。常见物流系统的储运单位组合形式如表 6-1 所示。

表 6-1 物性与包装单位分析表　　(P:托盘;C:箱;B:单品)

入 库 单 位	储 存 单 位	拣 货 单 位
P	P	P
P	P、C	P、C
P	P、C、B	P、C、B
P、C	P、C	C
P、C	P、C、B	C、B
C、B	C、B	B

三、EIQ 分析

EIQ 分析是物流中心的 POS 系统,进行物流系统的系统规划,从客户定单的品类、数量与订购次数等观点出发,进行出货特征的分析。E(订货件数,order entry)、I(货品种类,item)、Q(数量,quantity)是物流特性的关键因素。EIQ 分析就是利用 E、I、Q 这三个物流关键因素,来研究物流系统的特征,以进行基本的规划。EIQ 分析的分析项目主要有 EN(每张订单的订货品项数量分析。注:N 为日文 Nnai,即"种类"的首字母)、EQ(每张订单的订货数量分析)、IQ(每个单品的订货数量分析)、IK(每个单品的订货次数分析)。EIQ 分析起着历史订单资料与具体分析之间的衔接作用。规划前期通过 EIQ 分析,可以避免规划人员迷失在庞大的资料数据中。通过 EIQ 分析,可从订单中的详细内容了解客户、品项和数量等关键规划要素之间的关系与现状,对配送中心的拣选系统规划和改善具有重要意义。具体分析过程如图 6-1 所示。

图 6-1　EIQ 具体分析过程

第三节　配送需求计划

一、DRP 的概念

配送需求计划(distribution requirement planning,简称 DRP)是一种既保证有效地满足市场需要,又使得物流资源配置费用最少的计划方法,是 MRP 原理与方法在物品配送中的运用。它是流通领域中的一种物流技术,是 MRP 在流通领域应用的直接结果。它主要解决分销物资的供应计划和调度问题,达到保证有效地满足市场需要又使得配置费用最省的目的。

DRP 是基于 IT 技术和预测技术,对不确定的顾客需求进行预测分析,以规划确定配送中心的存货、生产、派送等能力的计划系统。通过 DRP 系统可以实现成本、库存、产能、作业的良好控制,实现上述四个目标,从而达到顾客完全满意。

DRP 系统主要由库存管理、质量控制、预测仿真、运输管理、采购管理、计划/调度管理、定单管理、数据库接口与数据传输模块组成。

(1)库存管理。既保证物料供应又保持较低的库存水平,包括交互的库存量查询、货位调控(经货位自动分配算法实现)、周期盘点、各种类型材料库存(不良品和多余品等)、出入库记录和退货管理。

(2)质量控制。包括质量标准、质量信息跟踪、不合格品停止发货、质量统计报告和质量记录与分析。

（3）预测仿真。通过对原始数据的回归分析和时间序列分析,对库存、定单、产能进行预测,对库存线路进行交互仿真查询。

（4）运输管理。建立承运商数据库并以此数据库针对不同发货地点的承运商选优;对待发货物自动产生运单和发货通知,分类产生货运费用报告、到货及时率报告;对发出和收到货物跟踪记录、报关记录和分析。

（5）采购管理。建立供应商数据库,根据计划和短缺报告进行定单下达、定单追踪及物料监控。

（6）计划/调度管理。通过实际定单情况和对顾客需求的预测,产生生产计划和资源(人员、设备、物料、场地)年度和月度需求计划,并在此基础上进行每周排产。

（7）定单管理。对各种不同类型顾客的不同类型定单进行记录、追踪、查询和分析,不同类型定单主要有正常定单和赔货定单;特别注意的是顾客退货定单的记录、追踪、查询。根据产能、原材料及运输数据提供给顾客估算的发货期;随时产生 CRSD 报告。

（8）数据库接口与数据传输。对不同数据库系统的数据通过 ODBC/JDBC 和 SHELL 语言进行接口;DRP 和财务系统、其他仓库与配送中心的数据交换。

二、DRP 系统的能力

DRP 系统具有以下六种能力。
（1）对顾客需求情况进行趋势性预测。
（2）对定单执行情况进行有效的跟踪并产生出分析报告。
（3）指导建立合理的库存量,通过对退货情况的统计来考虑退货更换所用材料的库存。
（4）实时查询各种零件的库存,并对不良品、过期品库存处理提供详细报告。
（5）优化运输策略以节省运输成本缩短运输时间。
（6）产生各种能力需求报告。

三、物流配送中心 DRP 应用探讨

DRP,即分销需求计划,是流通领域进行物资资源配置的技术。我们以物流中心为代表研究 DRP 原理。DRP 原理如图 6-2 所示。

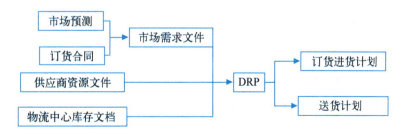

图 6-2　物流中心 DRP 原理

1. DRP 输入的三个文件

(1) 市场需求文件。这是指所有的用户订货单、提货单或供货合同,也包括下属各子公司、下属各地区物流中心的订货单。将这些按品种、需求日期进行统计构成一个文件,制定出市场需求文件。如果市场需求没有这些预先的订货单、供货合同等,那么市场需求量就需要靠预测来确定。市场需求文件是进行 DRP 处理的依据,是 DRP 处理的最重要的文件,没有这个文件就不可能进行 DRP 处理。

(2) 库存文件。这是物流中心的仓库里所有库存物品量的列表。物流中心需要它确定什么物品可以从仓库里提货送货、送多少,什么物品需要订货进货。仓库里有的物品可以提货送货,但是送货的量不能超过现有的库存量;仓库里没有的可以订货,但是订货量不要超过仓库里对该物品的容量。

(3) 供应商资源文件。这是物资供应商的可供资源文件。该文件包括可供物品品种,也包括供应商的地理位置等情况。此文件主要是为 DRP 制定订货计划用的。

2. DRP 输出的两个计划

(1) 送货计划。对于客户需求的物品,如果仓库里有,就由仓库里提货送货。由于仓库与客户、下属子公司、子物流中心(统称需求者)有一定距离,所以提货送货需要一个提前时间,才可以保证货物能按需求时间及时送达。送货分直送和配送。对于大批量需求的需求者实行直送;对于小批量的需求者实行配送。所谓配送,是对成片小批量用户的依次循环送货,配送方式在保证客户需求的同时,又可减少车次、节省费用。

(2) 订货进货计划。对于客户需求的物品,如仓库到时候没有库存量,则需要供应商订货进货。因为订货进货也需要花时间,所以也需要设定订货提前期。要根据具体的供应商来设定提前期,这由供应商资源文件提供。

四、物流中心 DRP 运作过程

就物流中心来说,要决定某种商品的需求量,首先需要查询该产品的预测需求量,然后去检查该商品的库存量并计算库存能够维持多长时间。如果需要维持一个安全库存,就必须将它从计算维持时间的库存中扣除。物流中心 DRP 运作过程如图 6-3 所示。

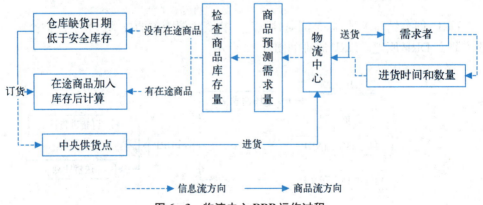

图 6-3　物流中心 DRP 运作过程

假如没有在途商品,这里计算的日期是仓库缺货的日期(如果考虑安全库存则是低于安全库存的日期)。假如考虑在途商品,必须将在途商品加入库存以决定库存能够维持的时间,这样库存商品与购进在途商品数量之和所需的日期,就是订货进货到达的最佳日期。商品到达物流中心的日期与中央供应点的装运配送日期可能不一致,这就需要计算供应点的订货进货提前期。这段时间包括本物流中心将订货信息传输到中央供应点的时间,加上由中央供应点到本物流中心的装运、运输时间,以及本物流中心的验货收货时间等。进货批量应当是规定的订货批量。

对物流中心送货的处理也应该参考送货提前期来确定送货日期,即由用户的需求日期倒推送货提前期,以确定本物流中心向用户的送货日期。

这样既确定了本物流中心向供货方的订货进货日期和数量,又确定了本物流中心向需求方送货的日期和数量,如此物流中心的工作计划就可以确定了。这个过程就是 DBP 在物流中心的运作过程。

第四节　EIQ 实例应用学习

本案例以某市肯德基的数据为依据,来阐述 EIQ 分析对于配送中心的拣选系统规划和改善具有重要意义。

收集肯德基配送中心的一天的订单。由于订单数据过于庞大,在进行 EIQ 分析时做了如下简化处理:① 仅对一类货品(冻货)进行分析;② 从上百份订单中选择有代表性的 30 份订单进行分析;③ 每份订单中只选取了有代表性的 16 个品项。在实际的分析中这种处理仅能作为参考。实际上,这里所论述的方法完全可以在计算机上用 Excel 进行完整分析,分析方法和步骤完全一样。

按照上文所述的 EIQ 分析步骤,对肯德基配送中心的订单品项数量分析如下。

(一) 订单出货资料的分解

首先将肯德基 30 份订单进行编号,并对订单的 16 个品项进行编号如下:I_1 代表的出货品为鸡块,编号为 86110001,其他依次是,I_2 为 86110002,I_3 为 86110004,I_4 为 86110006,I_5 为 86110007,I_6 为 86110009,I_7 为 86110048,I_8 为 86110010,I_9 为 86110075,I_{10} 为 86110084,I_{11} 为 86110299,I_{12} 为 86110280,I_{13} 为 86110253,I_{14} 为 86110266,I_{15} 为 86110267,I_{16} 为 86110268,以上品项数按顺序写在订单上,最后将其填入出货资料表格中,可得如表 6-2 所示。

表 6-2　配送(冻货)出货 EIQ 表　　　　　　　　(单位:箱)

出货订单	出货品项																订单发货数量	订单发货品项
	I_1	I_2	I_3	I_4	I_5	I_6	I_7	I_8	I_9	I_{10}	I_{11}	I_{12}	I_{13}	I_{14}	I_{15}	I_{16}		
E_1	12	3	0	2	4	6	1	27	2	1	14	9	3	13	4	4	105	15
E_2	10	8	0	3	3	2	0	14	1	1	0	6	1	5	2	2	58	13

续 表

出货订单	出货品项																订单发货数量	订单发货品项
	I_1	I_2	I_3	I_4	I_5	I_6	I_7	I_8	I_9	I_{10}	I_{11}	I_{12}	I_{13}	I_{14}	I_{15}	I_{16}		
E_3	13	17	3	4	4	6	12	30	4	3	0	4	2	2	3	3	110	15
E_4	12	11	2	4	4	4	5	30	4	1	7	4	2	8	3	3	104	16
E_5	11	8	1	6	6	5	4	25	2	2	7	7	2	8	4	4	102	16
E_6	9	1	1	3	3	3	1	6	1	0	6	3	1	7	1	1	47	15
E_7	12	8	2	5	5	5	2	25	2	2	7	5	4	11	3	3	91	16
E_8	23	11	0	11	11	10	14	27	3	0	9	5	2	12	5	5	148	14
E_9	20	9	1	6	6	7	3	30	2	0	4	18	6	12	3	3	130	15
E_{10}	13	9	0	6	6	6	2	29	3	1	0	5	1	9	2	2	94	14
E_{11}	6	5	1	2	2	2	5	14	1	0	4	4	1	3	0	0	50	13
E_{12}	14	9	1	14	14	7	5	23	8	4	9	10	4	10	9	9	150	16
E_{13}	59	9	3	25	25	16	12	44	5	3	13	15	7	17	6	6	265	16
E_{14}	20	6	1	9	9	11	5	13	2	2	5	12	4	3	9	9	120	16
E_{15}	15	3	1	6	6	8	2	12	4	1	8	4	4	2	0	0	76	14
E_{16}	12	11	1	4	4	12	4	24	4	3	11	6	1	7	4	4	112	16
E_{17}	16	7	0	5	5	6	3	14	1	1	7	11	3	6	3	3	91	15
E_{18}	8	5	2	2	2	6	9	11	3	0	0	9	2	4	3	3	69	14
E_{19}	13	6	0	6	6	5	5	14	3	0	5	4	3	2	2	2	76	14
E_{20}	23	14	3	9	9	11	2	35	5	3	14	19	6	16	6	6	181	16
E_{21}	9	8	1	8	9	1	5	29	3	3	12	16	5	19	0	0	129	14
E_{22}	8	3	0	2	2	3	0	7	0	0	0	5	2	4	1	1	38	11
E_{23}	5	0	0	0	0	6	3	13	1	0	9	5	5	12	2	2	63	11
E_{24}	19	10	1	9	9	9	8	28	5	0	8	7	4	16	7	7	147	15
E_{25}	166	12	3	46	46	57	10	84	25	8	15	37	12	44	20	20	605	16
E_{26}	13	7	1	7	7	9	9	24	3	0	2	10	4	10	3	3	112	15
E_{27}	18	3	1	8	8	7	14	18	4	2	2	14	6	3	5	5	118	16
E_{28}	8	5	1	3	3	3	2	11	2	0	5	4	3	5	3	3	61	15
E_{29}	24	11	2	13	13	10	9	25	5	2	9	12	4	10	2	2	153	16
E_{30}	24	6	1	12	12	11	6	25	3	2	4	12	5	6	4	4	137	16
单品出货量	615	225	34	240	243	254	162	711	108	45	196	282	121	286	119	119	3 760	445
单品出货次数	30	29	22	29	29	30	28	30	29	19	26	30	30	30	27	27	445	

在表 6-2 上进行作业,将各行相加,可得每份订单的发货数量,而每行的非零个数即为每份订单发货的品项数;将各列相加,可得每品项的出货数量,而每列的非零个数为每个品项的出货次数。依次填入上表中。

(二) 资料统计分析

IQ 分析:依各品项(I)的数量(Q)值的大小排序,得到表 6-3 所示。

表 6-3 IQ 排序表

I	8	1	14	12	6	5	4	2	11	7	13	15	16	9	10	3
Q	711	615	286	282	254	243	240	225	196	162	121	119	119	108	45	34

根据表 6-3,可绘出如图 6-4 所示的 IQ 曲线。

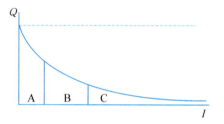

图 6-4 肯德基配送订单 IQ 曲线

根据 IQ 曲线可将各品项按 ABC 进行分类,A 类有 I_8、I_1,B 类有 I_{14}、I_{12}、I_6、I_5、I_4,其他为 C 类。这样 A 类品项占品项总数的 2÷16=12.5%,而其订单数占了订单总数的 1 326÷3 760=35.3%;B 类品项占品项总数 5÷16=31.25%,其订单数占订单总数的 1 305÷3 760=34.7%;C 类品项占品项总数的 56.25%,其订单数占订单总数的 30%。这是一种非常有用的信息,可用于仓储系统的规划选用、储位空间的估算,并将影响拣货方式及拣货区的规划。规划时可根据产品分类划分储区方式储存,各类产品储存单位、存货水准可设定不同水准。

EQ 分析:将各订单(E)的订货量(Q)进行排序,得下表 6-4 所示。

表 6-4 EQ 排序表

E	25	13	20	29	12	8	24	30	9	21	14	27	16	26	3
Q	605	265	181	153	150	148	147	137	130	129	120	118	112	112	110
E	1	4	5	10	7	17	15	19	18	23	28	6	2	11	22
Q	105	104	102	94	91	91	76	76	69	63	61	58	50	47	38

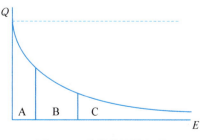

图 6-5 肯德基配送订单 EQ 曲线

根据表 6-4,可将订单进行 ABC 分类,其中 A 类有 E_{25} 和 E_{13} 两种,占订单总数的 2÷30=6.67%,而订单的订货量则占到了 870÷3 760=23.14%;B 类订单有 E_{25}、E_{29}、E_{12}、E_8 和 E_{24} 五种,占订单总数的 5÷30=16.67%,而订单的订货量则占到了 779÷3 760=20.72%;其他为 C 类,订单数占订单总数的 23÷30=76.67%,而订单的订货量则占总订货量的 56.14%。可将其绘成如图 6-5 所示的 EQ 曲线。

依此 EQ 曲线，规划时可将订单分类，少数而量大的订单可做重点管理，相关拣货设备的使用亦可分级。

EN 分析：了解订单及订购品项数的分布，对于订单处理的原则及拣货系统的规划有很大的影响，并将影响出货方式及出货区的规划。

单一订单出货品项数的计算在出货资料表中已完成，可以看到，就所列的 16 项品项来说，每一订单的出货品项数都比较大，基本上都超过了 10，可得如图 6-6 的 EN 图。

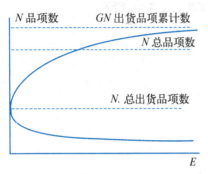

图 6-6　肯德基配送订单的 EN 图

由 EN 图可以看出，单一订单的出货项数较大，而产品品项数亦多，累积出货品项数较总出货品项大出数倍，并较总品项数多。可考虑以批量拣取方式作业。

IK 分析：可以分析产品出货次数的分布，对于了解产品的出货频率有很大的帮助，主要功能可配合 IQ 分析决定仓储与拣货系统的选择。另外，当储存、拣货方式已决定后，有关储区的划分及储位配置，均可利用 IK 分析的结果作为规划参考的依据，基本上仍以 ABC 分析为主，并决定储位配置的原则。

各品项(I)的出货次数(K)已在出货资料表中列出，现将其从大到小排列，如表 6-5 所示。

表 6-5　IK 排序

I	1	6	8	12	13	14	2	4	5	9	7	15	16	11	3	10
K	30	30	30	30	30	30	29	29	29	29	28	27	27	26	22	19

从表 6-5 中可以看到，各品项的受订次数非常接近，但考虑到我们所做的简化处理，仍可做 ABC 分类：将 K=30 的 5 类品项分为 A 类；将 K=29 的品项作为 B 类；其他的作为 C 类。可得如图 6-7 所示的 IK 曲线。

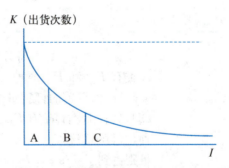

图 6-7　肯德基配送订单的 IK 曲线

依此 IK 曲线，规划时可依产品分类划分储区及储位配置，A 类可接近入出口或便于作业的位置及楼层，以缩短行走距离，若品项多时可考虑作为订单分割的依据来分别拣货。

第五节 利用 Lingo 软件优化实例

一、案例导入

本案例的设计较为简单,主要是分析设计了 DRP 计划中送货计划的设计,利用表上作业法和 Lingo 软件,设计在一级配送中心和二级配送中心之间如何最低成本地配送货物量。过程中主要是考虑各个配送中心的运输能力,将库存能力作为一个定值,还未设计配送中心的补货系统。

电子商务的发展如火如荼,由于其营业模式需要将不同位置的卖家商品集中起来,再转销到各个地方,因此物流中心地位很高,运输中转也尤为重要,为保证电子商务的发展,各巨头纷纷自建物流。以京东商城为例,在北京、上海、广州、武汉、成都共拥有五个一级物流中心,现实现了 110 个城市独立配送,自建物流占配送份额的 72%,但主要集中在北京、上海、广州三个配送中心。原本预计销售额达 350 亿元,但由于仓储运输能力不足,目标只定在 260 亿元。为进一步扩大商城销售额,计划在沈阳、西安建立两个一级物流中心,并开工建设 25 个二级物流中心,实现 350 个城市的配送能力。

不断扩建物流中心,是需要投入成本的。如何在运输过程中,有效选择物流中心中转,充分利用物流中心的中转、运输能力,降低物流成本显得尤为重要。

二、案例分析

以京东商城为例,选中北京、上海、广州三个一级物流中心作为产品的发送站,以长三角地区为目标,选择南京、浙江、福州、温州四个二级物流中心,目标城市南昌、嘉兴、镇江、常州、扬州为服务对象。在表上作业法的基础上引入 Lingo 软件建立模型,对配送中心的转运进行优化。

该案例中,设北京、上海、广州为 A_1、A_2、A_3;南京、浙江、福州、温州四个二级物流中心为 T_1、T_2、T_3、T_4;目标城市南昌、嘉兴、镇江、常州、扬州为 B_1、B_2、B_3、B_4、B_5;则各自的单位运价如表 6-6、表 6-7 所示。

表 6-6 单位运价

一级中心 \ 二级中心	T_1	T_2	T_3	T_4	配送量
A_1	4	5	7	6	70
A_2	7	12	10	11	80
A_3	6	11	8	9	90
配送能力	60	90	120	70	340 / 240

表 6-7 单位运价

二级中心＼目标城市	B_1	B_2	B_3	B_4	B_5
T_1	4	4	3	7	3
T_2	8	3	4	9	11
T_3	4	3	4	7	7
T_4	6	2	2	8	8
目标需求量	30	20	80	50	60

(一)模型建立

A_i 到 T_k 的运费为 c_{ik}，其运量是 x_{ik}；T_k 到 B_j 的运费是为 c_{kj}，其运量是 x_{kj}；A_i 的供给量是 a_i，通过 T_k 的最大的最大配送能力是 d_k，B_j 的需求量则为 b_j。则要满足 $\sum_{i=1}^{m} a_i = \sum_{j=i}^{n} b_j$，$\sum_{i=1}^{m} a_i < \sum_{j=i}^{n} b_j$。

对变量进行定义后，可以编写数学模型。

目标函数：$\min Z = \sum_{i=1}^{m}\sum_{k=1}^{r} c_{ik} x_{ik} + \sum_{j=1}^{n}\sum_{k=1}^{r} c_{ik} x_{kj}$

约束条件如下。

(1) 供给约束。

$$\sum_{k=1}^{r} x_{ik} = a_i \quad i=1,2,\cdots,m$$

(2) 二级物流中心配送能力限制。

$$\sum_{i=1}^{m} x_{ik} = d_k \quad k=1,2,\cdots,r$$

(3) 中转平衡。

$$\sum_{i=1}^{m} x_{ik} = \sum_{j=1}^{n} x_{kj} \quad k=1,2,\cdots,r$$

(4) 需求约束。

$$\sum_{j=1}^{n} x_{kj} = b_j \quad j=1,2,\cdots,n$$

(二)表上作业

为比较 Lingo 软件的优点，通过表上作业法的运算过程和运算结果进行对比，更加突出 Lingo 软件在解决运输问题过程中的优势。

假设为供需平衡的运输转运问题。在该问题中，根据表上作业法的思想，一级物流中心和二级物流中心都可以看作发货地，二级物流中心和目标城市是需求(销售)地。则可以整合得到新的运价表，得到表 6-8。

表 6-8 运价表

目标城市 \ 一级中心	T_1	T_2	T_3	T_4	B_1	B_2	B_3	B_4	B_5	配送量
A_1	4	5	7	6	N	N	N	N	N	70
A_2	7	12	10	11	N	N	N	N	N	80
A_3	6	11	8	9	N	N	N	N	N	90
T_1	0	N	N	N	4	4	3	7	3	60
T_2	N	0	N	N	8	3	4	9	11	90
T_3	N	N	0	N	4	3	4	7	7	120
T_4	N	N	N	0	6	2	2	8	8	70
目标需求量	60	90	120	70	30	20	80	50	60	580

运用表上作业法，找出初始可行解，再求非基变量的检验数，当其为负数时，做一个闭回路，找出基变量，不断调整直到得到最优解。得到如表 6-9 的调运方案。

表 6-9 调运方案

目标城市 \ 一级中心	T_1	T_2	T_3	T_4	B_1	B_2	B_3	B_4	B_5	配送量
A_1		10		60						70
A_2	60		20							80
A_3			80	10						90
T_1									60	60
T_2		80					10			90
T_3			20		30	20		50		120
T_4							70			70
目标需求量	60	90	120	70	30	20	80	50	60	

则得到总成本为：2 470。

(三) 引入 Lingo 优化

根据已经建立的模型，则可以将数学模型转化为 Lingo 语言(图 6-8)。

```
sets:
yj/1,2,3/: a;
ej/1,2,3,4/: f;
mb/1,2,3,4,5/: b;
dently(yj,ej): x,p,k;
cnty(ej,mb): y,l;
endsets
```

```
data：
p = 4,5,7,6,7,12,10,11,6,11,8,9；
l = 4,4,3,7,3,8,3,4,9,11,4,3,4,7,7,6,2,2,8,8；
a = 70,80,90；
f = 60,90,120,70；
b = 30,20,80,50,60；
enddata
min = @sum(dently：x * p) + @sum(cnty：y * l)；
@for(yj(i)：@sum(ej(j)：x(i,j))<a(i))；
@for(ej(j)：@sum(yj(i)：x(i,j)) = @sum(mb(i)：y(j,i)))；
！由二级中转站发出的货物要满足目标城市的需求量；
@for(mb(j)：@sum(ej(i)：y(i,j)) = b(j))；
end
```

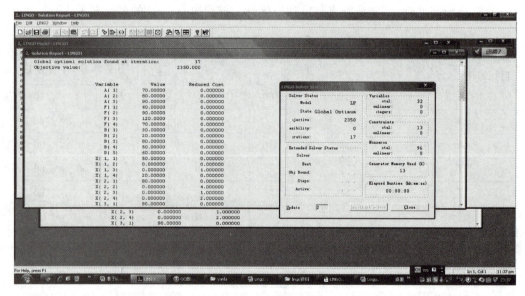

图 6-8　结果输出

得到更优解，2 350。其中，从一级物流中心发出到二级物流中心的货物分布为：从北京发往南京为 50 件，而到温州是 20 件；从上海发往南京 10 件；从广州发往南京的是 90 件。从二级物流中心发往目标城市的货物分布：从南京发往南昌的 30 件，发往镇江的 80 件，发往常州的 50 件，发往扬州的 60 件；由温州发往嘉兴的是 20 件。

本 章 小 结

配送中心是从事配送业务的物流场所或组织，应基本符合下列要求：主要为特定的用户服务；配送功能健全；完善的信息网络；辐射范围小；多品种，小批量；以"配送为主，储存为辅"，完成配送活动需要付出配送成本。

配送中心的规划要注意配送中心的规划要素：配送的对象，客户；配送商品的种类；配送数量；物流渠道；物流服务；物流的交货时间；配送商品的价值或建造配送中心的预算。

EIQ 分析是物流中心的 POS 系统，进行物流系统的系统规划，从客户定单的品类、数量与订购次数等观点出发，进行出货特征的分析。E(订货件数，order entry)、I(货品种类，item)、Q(数量，quantity)是物流特性的关键因素。

配送需求计划(distribution requirement planning，简称 DRP)，是一种既保证有效地满足市场需要，又使得物流资源配置费用最少的计划方法，是 MRP 原理与方法在物品配送中的运用。

第三篇　物流统计延展篇

- 第七章　物流系统评价
- 第八章　物流信息系统分析
- 第九章　物流企业合作评价
- 第十章　海关统计

第七章 物流系统评价

引 导 案 例

冰雪之灾：危机应急体系

2008年1月10日起，我国南方大部分地区遭遇了几十年一遇的冰雪天气。大范围的低温、雨雪和冰冻天气，导致连接南北的铁路大动脉京广铁路湖南段的电气化接触网受损，期间无法开行电气化列车，引致多班列车取消。京珠高速公路湖南段因路面积雪、结冰而封闭，数万车辆滞留。长江流域多城市机场因积雪被迫关闭，大量航班取消、延误。由于正逢春运期间，雪灾直接导致大量旅客滞留车站和机场。

然而，大雪引发的不仅仅是几乎整个南部地区交通运输系统的瘫痪，百姓出行困难，甚至牵连到了煤、电、油、食品等一系列生产生活物资的正常供应，带来了受灾地区的物价高涨、生活必需品无法满足的问题。

近年来，由突发事件和重大灾害造成的人员伤亡、经济损失不计其数。因而，在面对突发事件时，如何将应急物资及时运送到受灾现场、进行高效施救、降低损失成为亟待解决的问题。应急物流就是以提供突发性自然灾害、突发性公共卫生事件等突发性事件所需的应急物资为目的，以追求时间效益最大化和灾害损失最小化为目标的特种物流活动。

那么，如何顺利实现应急物流呢？这是一个系统工程问题，除了完善应急物流的基础保障外，还涉及应急物资的筹措与采购、应急物资的储备与调度、运输与配送等方面，而这些工作需要进行合理的组织协调，才能顺利完成。从我国以往的情况来看，虽然取得了不错的成绩，但也暴露出灾情信息滞后、救援工作效率不高以及严重影响政府其他工作正常开展等问题。

讨论题

1. 高效的应急物流体系是应对突发情况、解决物资困难的基础。试讨论，目前我国应急物流系统存在哪些问题，其系统主要包括哪些元素？
2. 举例说明，应急系统启动后，物流系统应予以哪些方面的配合？
3. 请找出你身边的物流系统，对此系统作出分析以及优化建议。

学习要点

1. 了解物流系统的概念、组成及模式。

2. 了解物流系统分析的内容、准则及步骤。
3. 掌握物流系统评价的相关指标体系。
4. 掌握常用的物流系统评价方法。

重点与难点

1. 物流系统评价指标体系。
2. 物流系统分析与评价方法。
3. 常用的物流系统评价方法。

本章导语

物流系统分析作为一种决策的前提条件，是企业对其物流系统进行综合优化和决策的基础。通常，物流系统各要素之间存在诸多的"效益背反"现象，往往无法实现物流反应时间、服务质量和物流成本的同时最优。物流系统分析从物流系统整体出发，采用不同的分析方法和工具，为企业决策提供科学依据和信息。

第一节 物流系统分析的目的与内容

一、物流系统

（一）物流系统概念

物流系统是围绕满足特定物流服务需求，由物流服务需求方、物流服务提供方及其他相关机构形成的一个包含所需物流运作要素的网络。

随着市场竞争的逐步加大以及计算机和自动化技术的发展，物流系统从最初的简单模式向复杂化转变，其整体目标在于追求时间和空间效益，实现各种物流环节的整体优化、合理衔接，从而取得最佳的经济效益。

（二）物流系统组成

物流系统一般由物流作业系统和物流信息系统组成。其中，物流作业系统包括运输子系统、仓储子系统、流通加工子系统、商品包装子系统、装卸搬运子系统、配送子系统等。即如图7-1所示。

1. 运输子系统

运输是物流业务的中心活动，它将物品的使用价值进行空间移动，物流系统依靠运输作业解决物品在生产地和需要地之间的空间距离问题，创造了物品的空间效益。

2. 仓储子系统

仓储是通过仓库对暂时不用的物品进行储存和保管。仓储系统主要包括对进入物流系统的货物进行堆存、管理、保管、保养、维护等一系列活动。它不仅保证了货物的使用价值和价值，同时也解决了物品生产与消费的平衡问题。

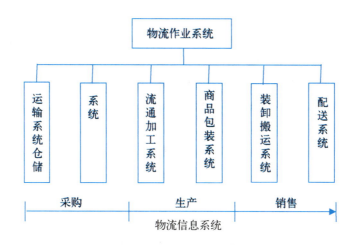

图 7-1 物流系统示意

3. 流通加工子系统

流通加工是指原材料或产品从供应领域向生产领域的流动过程中,即物品进入流通领域后,按客户的具体要求进行的初级加工活动。它有利于提高物流效率,在方便客户的同时完善商品的使用价值,从而增加商品的经济效益。

4. 商品包装子系统

大多数商品为满足产品的安全运输和销售均需要进行不同方式、不同程度的包装。包装具体分为工业包装和商品包装。工业包装的目的是在运输过程中保护在途货物,满足物流功能;商品包装的目的是满足最终销售、满足客户的包装需求,实现营销功能。

5. 装卸搬运子系统

企业物流活动离不开装卸搬运,它贯穿于不同物流阶段,任何物流活动互相过渡均以装卸搬运来衔接。因而,装卸搬运是物流各功能之间能否形成有机联系和紧密衔接的关键,是物流系统中的重要子系统之一。

6. 配送子系统

配送是按照客户要求进行的物品组配与送货活动。尽管它只是物流系统中的一个子系统,但其包含着物流的各个功能要素,是较小范围内物流全部活动的体现。科学的配送系统能够促进物流资源的合理配置,有效降低物流成本。

7. 物流信息系统

大量的物流信息贯穿于企业物流活动中,合理收集和处理这些信息对物流企业而言至关重要。物流信息系统既是物流系统的一个子系统,也是其他系统正常高效运行的辅助系统。它在保障商品的采购定货、进货、保管、出货和商品配送过程中的信息通畅的基础上,通过物流节点的计算机终端、通信设备、通信网络等为企业各部门提供方便快捷的信息采集、分析、传输和交换。

(三) 物流系统模式

物流系统包含一般系统的基本模式,主要包括输入、处理(转化)、输出、限制(制约)和反馈等功能,其具体内容因物流系统的性质不同而有所区别,如图 7-2 所示。

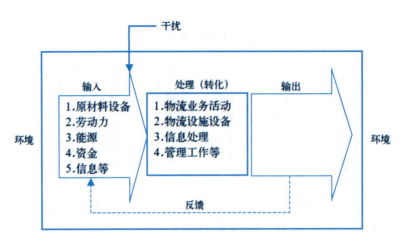

图 7-2 物流系统模式

1. 输入

物流系统输入包括原材料设备、劳动力、能源等,即通过提供资源、设备、劳动力等手段对某物流系统发生作用,这些统称为外部环境对物流系统的输入。

2. 处理

处理(转化)是指物流本身的转化过程。从输入到输出之间所进行的生产、供应、销售、服务等活动中的物流业务活动称为物流系统的处理或转化。具体内容包括物流设施设备的建设,物流业务活动,如运输、储存、包装、装卸、搬运等,以及信息处理和管理工作。

3. 输出

物流系统的输出是指物流系统与其本身所具有的各种手段和功能,对环境的输入进行各种处理后所提供的物流服务。具体内容包括产品位置与场所的转移,各种劳务,如合同的履行及其他服务等。

4. 限制或制约

外部环境对物流系统施加一定的约束称之为外部环境对物流系统的限制和干扰。具体包括资源条件、能源限制、资金与生产能力的限制、价格影响、需求变化等。

5. 反馈

由于受外部环境干扰以及系统内部各因素的限制,输入转化为输出的过程中往往无法按原计划进行,此时需将输出结果反馈至输入,重新进行调整。当然,若原计划照常实现,仍需将结果反馈,便于对相关工作进行系统评价。

二、物流分析与综合方法

分析与综合是物流系统研究最重要的方法之一。分析与综合的方法是进行一切科学研究必须采用的方法。分析和综合是两种不同的方法。分析就是对事情的现象进行分解,深入事物内部,认识事情的本质;综合则从事情的本质出发,把相互联系的各个侧面联系成为一个整体,并使本质通过现象得以表现,从而达到认识事物的本质及其外部表现的目的。

认识物流要将综合和分析结合起来。分析和综合也是系统科学强调的科学研究方法,对物流理论的研究需要将分析和综合两种方法结合起来,但首先需要分析。因为在没有清楚地认识物流系统的内部构造之前,对物流系统已经有了一个模糊的整体印象,只有深入系统内部才能获得全面深刻的了解。

三、物流系统分析的目的

物流系统分析是把物流系统作为一个整体,根据分析的目的,将系统分解成不同层次和不同部分,以认识物流系统的组成要素、组成方式、系统要素之间的关系、系统与外界的关系的过程。比如,为了设计一个优化的物流系统,往往需要先对现有系统进行调查、分析,再确定优化的系统目标,并据此目标设计多个系统方案,最后从中选择最优方案。

四、物流系统分析的内容

内容随目的而定。我们应该提倡根据需要进行有限度的分析和调研,这样就要求我们根据研究的目的来确定物流系统分析的内容。

物流系统分析的内容可以分为宏观和微观两类。当需要评估外界对物流系统的影响以及物流系统与外界的关系、需要设计物流系统与外界的接口的时候,就要进行宏观层面的物流系统分析。当需要评估和设计物流系统要素的数量、质量,或者进行物流系统要素的技术参数设计等设计运作和技术层面的问题时,一般需要进行微观分析。

物流系统分析的坐标就是物流系统分析表。根据物流系统分析表可以确定需要分析和研究的重点,这样可以提高物流系统分析的效率和效果。物流系统分析表包括物流系统主体和物流系统环境。其中,物流系统主体包括供应商、进行系统分析的企业、客户、合作伙伴、主要竞争者,物流系统主体分析主要围绕上述五个主体从战略战术、组织人事、市场与运作、财务、固定资产、技术、管理、渠道、信息、供应链、物流七要素、风险和服务十三个方面进行;物流系统环境分析主要从政治、经济、法律、社会、地理、文化和环保等方面进行。

第二节 物流系统分析方法和工具

一、物流系统分析方法

物流系统分析可以采用的方法有很多。科学发展提供了许多研究方法,这些方法以分析为主要特征,但是,科学发展的实践告诉人们,综合也是科学的方法,也能产生新的科学。所有分析方法均可归为三个类别,即调查类、实验类、假设类。

(一) 调查类分析方法

调查是分析过程的开始。这是采用调查、统计的方法获得现有物流系统部分样本的状况,再利用分析、综合、推理等方法推断出物流系统总体,以获得对物流系统的深入认识的方法。调查是分析的开始,调查为分析提供原始数据和第一手资料,调查是在现场和实地进行的,是在进行具象和枚举。调查的对象很具体,调查的内容和要求也都具体化。分析则是在进行抽象和归纳。

(二) 假设类分析方法

假设是在观测基础上根据事实或经验而得出的猜测。它是对单个事件或者现象所作出的基于观测而未经证实的理性解释。假设类分析方法是基于假设对事物进行分析的方法。科学假设提出的前提是对物流系统进行一定的观测、实验,在此基础上进行脑力劳动,如分析、归纳、综合、推理、类比等。假设类分析方法的应用是以观测为基础的,而观测是调查类分析方法中的重要方法,所以调查类分析方法是假设类分析方法的应用基础。

假设按表达方式分为暗示假设、明示假设;按结构分为独立假设、条件假设;按来源分为统计假设、经验假设、观测假设。

(三) 实验类分析方法

这是通过设计一定的实验环境和条件,采用简化的要素、构造简化的关系来再现过程中观测系统的组成要素、结构及系统要素相互关系的变化,并据此来分析系统的方法。实验是甄别假设真伪的最主要方法。现代主流经济学和管理学都认为,未经实验或者无法通过实验来验证的研究结果不能作为科学的研究结果。

设计一个物流系统分析与优化实验,可按照系统辨识、数据采集、系统评估、方案优化、运营实验四个阶段进行。实验方法可以分为四类:实验室实验、现场实验、计算机模拟实验和网络实验。

二、物流系统分析工具

物流系统分析方法的正确应用需要一些分析工具支持。物流分析工具对提高物流系统分析的效率、简化文字表达的篇幅、启发读者思路、增加物流系统分析结果的正确率大有好处。物流系统分析方法与分析工具不同。分析方法处理除包含方法本身外,还包括分析思路、分析过程、分析模型、分析工具等,分析方法更加概括、宏观一些,而分析工具则较为具体、微观,分析工具包括在分析方法中。这里特别将分析工具提出来加以单独分析,就是为了强调分析方法与分析工具的差别,从而强调分析工具,尤其是流行的分析工具软件包对物流系统分析的重要性。

物流系统分析工具繁多,可以将它们归纳为四大类:图形、表格、模型和软件。除了物流系统分析工具的一般形式,物流系统分析工具中还有一些具体的工具,它们主要分为三类:统计分析工具、运筹学分析工具和 Excel 分析工具。

第三节　物流系统评价指标体系

物流系统评价是物流系统分析的重要环节,也是企业进行决策的重要依据。企业不仅可以通过物流系统各指标因素的纵向比较,对当前物流系统进行评价和分析,提高物流系统的经济效益,同时也能通过与同行业其他企业物流系统的横向比较,直观地分析自身物流系统的优势和不足,为进一步完善企业物流系统提供依据。

建立一套科学完整的物流系统评价指标是对物流系统进行科学、合理评价的基础。为使物流系统评价结果能够同时进行纵向和横向比较,在指标选择时应尽量采用相对指标和平均指标。根据物流系统的输入、处理、输出等模式,本书将物流系统评价指标体系分为四个部分:物流成本、生产效率、服务质量和物流发展能力。具体指标如表 7-1 所示。

表 7-1　物流系统评价指标体系

目 标 层	准 则 层	指 标 层
物流系统评价	物流成本	1. 物流成本率 2. 物流成本占产值的比重 3. 吨货物流成本
	物流生产效率	1. 劳动生产率 2. 生产均衡率 3. 生产计划完成率 4. 流动资产周转率 5. 总资产周转率
	物流服务质量	1. 物品收发正确率 2. 物品完好率 3. 正点运输率 4. 供货满足率 5. 货损货差赔偿率 6. 客户满意度
	物流发展能力	1. 物流信息化程度 2. 员工学习能力 3. 物流系统应变能力

(一) 物流成本

由于物流系统中普遍存在着"效益背反"现象,不同物流活动之间的利益可能存在冲突,因而该指标体系的成本指标选取以系统总成本为核心,不单独考察运输成本、仓储成本、包装成本等单独作业活动的相关成本。反映物流成本的指标主要有

$$物流成本率 = \frac{报告期物流成本总额}{期内销售额} \times 100\% \qquad (7-1)$$

$$物流成本占产值的比重 = \frac{报告期物流总成本}{报告期总产值} \times 100\% \quad (7-2)$$

$$吨货物物流成本 = \frac{报告期物流总成本}{期内货物流通量} \times 100\% \quad (7-3)$$

(二) 物流生产效率

物流生产效率是指物流系统中涉及的运输、仓储、包装、流通加工、装卸搬运、配送、信息处理等过程的活动效率。它是保证企业服务质量的前提,也是衡量企业运营情况的重要指标因素。物流生产效率越高,物流服务的质量就越好。反映企业物流生产效率的指标包括

$$劳动生产率 = \frac{报告期货物流通量}{期内物流人员平均数} \times 100\% \quad (7-4)$$

$$生产均衡率 = \frac{年完成产量计划天数}{年生产天数} \times 100\% \quad (7-5)$$

$$年生产计划完成率 = \frac{报告期实际产值}{报告期计划产值} \times 100\% \quad (7-6)$$

$$流动资产周转率 = \frac{报告期主营业务收入净额}{报告期平均流动资产总额} \times 100\% \quad (7-7)$$

$$总资产周转率 = \frac{报告期主营业务收入净额}{报告期平均资产总额} \times 100\% \quad (7-8)$$

(三) 物流服务质量

物流服务质量指标是衡量物流系统服务质量水平高低的依据,该指标结果能够直观地反映企业物流系统的实际运营情况。物流服务作为物流系统的输出结果,其服务水平的高低意味着企业能否占据市场,与企业的实际经营收益密切相关。反映物流服务质量的指标包括

$$物品收发正确率 = \frac{报告期吞吐量 - 出现差错数量}{期内吞吐量} \times 100\% \quad (7-9)$$

$$物品完好率 = \frac{报告期物品总量 - 出现缺损数量}{报告期物品总量} \times 100\% \quad (7-10)$$

$$正点运输率 = \frac{报告期正点运输次数}{期内运输总次数} \times 100\% \quad (7-11)$$

$$供货满足率 = \frac{报告期供货总次数 - 缺货次数}{供货总次数} \times 100\% \quad (7-12)$$

$$货损货差赔偿率 = \frac{报告期货损货差赔偿费总额}{期内销售收入总额} \times 100\% \quad (7-13)$$

$$客户满意率 = \frac{报告期客户满意次数}{企业物流服务总次数} \times 100\% \quad (7-14)$$

（四）物流发展能力

物流系统的发展能力是决定企业能否适应社会需求的重要依据。物流系统发展能力越强，企业适应市场的能力越好；反之，企业则无法跟随时代潮流，最终因不能满足市场需求而惨遭淘汰。物流发展能力与企业的物流信息系统程度、员工学习能力和物流系统的应变能力等因素有关。

第四节　物流系统评价与决策

一、物流系统分析

物流系统分析的实质是指将系统分析方法应用于物流系统。从整体最优出发，在选定物流系统目标和准则的基础上，综合运用科学的分析方法和工具，对物流系统的目的、功能、环境、费用和效益进行充分的调研、收集、比较、分析和数据处理，并建立若干替代方案和模型，进行系统仿真实验。物流系统分析的目的在于寻求使系统整体效益和有限资源配置最佳的方案，为决策提供科学依据。

（一）物流系统分析的准则

物流系统内部与外部环境相结合。物流系统不仅受内部因素的影响，也受社会经济动向及市场需求等外部环境的影响。

1. 局部效益与整体效益相结合

物流系统中存在着诸多"效益背反"现象，即某一局部效益的增长可能带来另一局部效益的减少。因而，局部效益与整体效益往往并不一致。在进行物流系统的方案选择时应从整体效益出发选择最优方案。

2. 当前利益与长远利益相结合

物流系统分析过程中既要考量当前利益，也要考虑长远利益。若当前和长远利益均有利时，该方案可取。否则应通过全面分析再作出结论。

3. 定性分析与定量分析相结合

物流系统分析应遵循"定性—定量—定性"这一循环往复的过程，只有在了解物流系统各方面的性质的基础上，才能建立物流系统定量关系的数学模型。

（二）物流系统分析的步骤

物流系统分析的本质是利用系统分析方法对物流系统进行全面分析，因而其基本步骤与常用的系统分析步骤类似，如图7-3所示。

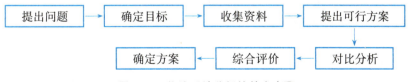

图7-3　物流系统分析的基本步骤

二、常用的物流系统评价方法

（一）平衡记分卡法

平衡记分卡于1992年由哈佛大学戴维·诺顿首先提出的，其作为一种新型的绩效评价方法，能使组织机构清楚阐明其愿景和战略，并转变为行动。它能提供公司内部业务和外部成果的反馈信息，以便持续改进系统的战略绩效和结果。

平衡记分卡的核心思想为一系列指标间的平衡，即短期目标和长期目标、财务指标和非财务指标、滞后型指标和领先型指标、内部绩效和外部绩效之间的平衡。它从财务、客户、内部运营、学习与成长四个方面进行评价分析。

1. 财务角度

平衡记分卡的财务绩效衡量显示企业的战略及其实施和执行是否正在为最终经营结果的改善做出贡献。常见的指标包括资产负债率、流动比率、速动比率、应收账款周转率、存货周转率、资本金利润率、销售利税率等。

2. 客户角度

企业为了获得长远的财务业绩，就必须向客户提供满意的产品和服务。常用的评价指标主要包括市场份额、客户保有率、客户获得率、客户满意等。

3. 内部业务流程角度

平衡记分卡从投资者和客户需要的角度出发，确认组织擅长的关键内部流程，对系统内部流程进行全面分析，从而吸引和留住目标细分市场的客户。

4. 学习和成长角度

学习和成长有三个主要来源，包括人才、系统和组织程序。平衡记分卡的前三个层面揭示了企业的实际能力与实现突破性业绩所必需的能力之间的差距，为了弥补这个差距，企业必须注重员工培训、技术改造、产品服务等方面，这些都是平衡记分卡学习与成长层面追求的目标。

（二）模糊层次分析法

模糊层次分析法综合运用了层次分析法和模糊综合评价法，是对问题进行综合评价分析的一种方法。该方法利用层次分析法将问题分解成不同的组成因素，最终确定各因素的相对权重。然后，以模糊数学理论为基础，运用模糊统计的方法对影响事物的各个因素进行综合考量，从而对该事物进行综合评价。

1. 层次分析法

层次分析法（analytic hierarchy process，简称AHP）是20世纪70年代著名运筹学家萨蒂提出的一种系统分析方法。它结合了评价者的定性判断和定量计算，将复杂问题分解成若干层次，建立有序的递阶层次结构，从而使分析问题的过程简单化。它将人的主观判断以数量形式进行表达和处理，即思维过程数量化，使人的经验和判断在决策中的作用得以充分发挥。因此，决策者可根据该方法进行决策、评价、选择方案等。该方法可靠性高、误差小，但一般评价指标不宜过多（一般不超过9个）。层次分析法的具体步骤如下。

(1) 建立递阶层次结构。层次分析法把复杂问题简单化的关键在于构建层次结构。在深入分析系统问题的基础上,将相关因素按照不同属性自上而下地分解成目标、准则、方法等层次,从而建立相应的递阶层次结构。

(2) 构造判断矩阵。根据递阶层次结构,将每一个具有向下隶属关系的元素(被称作准则)作为判断矩阵的第一个元素(位于左上角),隶属它的各个元素依次排列在其后的第一行和第一列,通常采用1—9标度方法进行每两元素的比较,从而构造判断矩阵 A。表7-2为重要性标度含义表。

表7-2 重要性标度含义表

重要性标度	含 义
1	两元素相比,具有同等重要性
3	两元素相比,前者比后者稍显重要
5	两元素相比,前者比后者明显重要
7	两元素相比,前者比后者强烈重要
9	两元素相比,前者比后者极端重要
2,4,6,8 表示上述标度间的中间值	

(3) 计算权重。权重计算方法较多,本书以求和法为例,计算公式为

$$b_{ij} = \frac{a_{ij}}{\sum_{i=1}^{n} a_{ij}} \tag{7-15}$$

$$v_i = \sum_{j=1}^{n} b_{ij} \tag{7-16}$$

$$w_i = \frac{v_i}{\sum_{i=1}^{n} v_i} \tag{7-17}$$

其中,a_{ij} 为判断矩阵的元素。

(4) 一致性检验。

专家进行矩阵的两两比较判断过程中,若比较超过两个,其主观判断往往存在模糊性,则可能出现不一致的判断。若判断矩阵的一致性程度较低,则可靠性也随之降低。此时,需要对判断矩阵进行校正或重新判断,直至满足一致性检验。一致性检验指标为 CI,其计算公式为

$$CI = \frac{\lambda_{\max} - n}{n-1} (n \text{ 为阶数}) \tag{7-18}$$

其中,$\lambda_{\max}$ 是 A 的最大特征值。通常,最大特征值为

$$\lambda_{\max} = \frac{1}{n} \sum_{i=1}^{n} \frac{(Aw)_i}{w_i} \qquad (7-19)$$

为了检验判断矩阵是否具有满意的一致性,需要将 CI 与平均一致性指标 RI 进行比较,即随机一致性比例 $CR = \dfrac{CI}{RI}$(RI 为随机一致性指标),其中通过查表确定相应的随机一致性指标,如表 7-3 所示。

表 7-3 随机一致性指标 RI

矩阵阶数	1	2	3	4	5	6	7	8	9
RI	0.00	0.00	0.58	0.90	1.12	1.24	1.38	1.41	1.45

当 $CR < 0.1$ 时,认为判断矩阵的一致性符合条件;若 $CR > 0.1$ 时,则判断矩阵不符合一致性判断标准,需要对该判断矩阵进行重新修整。

2. 模糊综合评价法

模糊综合评价法是查德于 20 世纪 40 年代首先提出的。该方法根据模糊数学的隶属度理论将定性分析转化为定量评价,运用模糊统计的方法对影响事物的各个因素的进行综合考量,从而对该事物进行评价。它解决了现实中的不确定性和模糊性数据问题。该方法的评价结果清晰、系统性强,能较好地解决模糊的、难以量化的问题。模糊综合评价的具体步骤如下。

(1) 确定评价对象因素域。
(2) 确定评语等级域。
(3) 建立模糊关系矩阵 R。
(4) 确定评价因素的权向量矩阵 w。
(5) 合成模糊综合评价结果向量 B。
(6) 计算准则层及目标层的隶属度。
(7) 进行综合分析。

(三) 数据包络分析

数据包络分析(data envelopment analysis,简称 DEA)是由著名运筹学家查恩斯等首先提出的基于相对效率的多投入多产出分析法。DEA 是以相对效率概念为基础,以凸分析和线性规划为工具的一种非参数的经济估计方法。该方法只需区分投入与产出,无需对指标进行无量纲化处理。同时,由于它不需要任何权重假设,以决策单元输入输出的实际数据求得最优权重,避免主观因素的同时又能简化算法、减少误差。利用数据包络分析,不仅能比较各决策单元的相对有效性,也可以对绩效不佳的单元指明改善的方向和程度。

(四) BP 神经网络

现代人工智能领域内的 BP 神经网络(back propagation network),是目前应用最为广泛的神经网络算法。它具有非线性逼近能力,为处理一般规律隐含在大量数据中的映射逼近问题提供了有效的解决办法。作为一种"数据"驱动式的"黑箱"建模,运用神经网络方法评价物流系统可以考虑大量的影响因素,这些因素既可以是定量因素,也可以是定性或不确定因素,具有简便、准确、先进的特点。此外,由于神经网络模型的学习样本均来自企业物流系统的数据统计结果,实际过程中便于克服信息不全、评价因素间关系模糊的障碍,减少评价过程中的主观因素影响。随着学习样本的增加,样本学习的准确性也会进一步提高。

以上分析了四种常用的系统评价方法,每种方法各有优势与不足,具体操作方法本书不再赘述,可查看相关资料进行实证分析。

本 章 小 结

物流系统是围绕满足特定物流服务需求,由物流服务需求方、物流服务提供方及其他相关机构形成的一个包含所需物流运作要素的网络。

物流系统一般由物流作业系统和物流信息系统组成。其中,物流作业系统包括运输子系统、仓储子系统、流通加工子系统、商品包装子系统、装卸搬运子系统、配送子系统等。

物流分析方法主要包括调查类分析法、假设类分析方法、实验类分析方法。

物流系统分析是指将系统分析方法应用于物流系统。从整体最优出发,在选定物流系统目标和准则的基础上,综合运用科学的分析方法和工具,建立若干替代方案和模型,进行系统仿真实验。

物流系统评价的指标体系包括物流系统的物流成本、物流生产效率、物流服务质量和物流发展能力四个方面的内容。

物流系统常用的四种评价方法,分别为平衡记分卡、模糊层次分析法、数据包络分析和BP神经网络。

第八章　物流信息系统分析

> **引导案例**
>
> **从顺丰速运看快递业信息化管理**
>
> 　　快递作为物流细分行业之一,为客户提供"门到门"的服务,覆盖了从收取到派送过程的物流所有功能环节,其生产活动的特点决定了需要全部实现物流的运输、储存、装卸、搬运、包装、流通加工、配送、信息处理八项功能才能完成整个生产过程。各种信息的流动和挖掘是其核心业务的关键需求,直接影响服务能力、服务质量和业务发展。在工信部两化融合示范企业评选中,顺丰速运当选为物流领域示范企业,其信息化建设思路、路径、经验和思考,颇有值得借鉴之处。
>
> 　　一、信息化综合集成
>
> 　　顺丰以物流营运全部环节为主体逐步推进信息化路径,截至目前,顺丰共有信息系统160多套,实现物流全部环节与配套环节的信息化管理。通过运用手持式数据终端、全球卫星定位、全自动分拣等高科技手段,顺丰整合了包括航空货运、公路运输、铁路运输等多种运输方式,在不同运输方式的衔接环节保持运作调度、信息流转和操作标准的高度融合和协调一致,从而确保快件安全、快速地送达客户手中。同时,通过整合,使单位能耗逐步降低,实现节能减排。充分应用计算机技术、网络技术及相关的关系型数据库、条形码技术、EDI等技术,高度集成物流系统的各个环节,借助信息技术对生产过程进行运筹和决策,集中反映应用现代信息技术改造传统物流业的方法和趋势,通过物流信息化水平的提升推动物流业务的发展。
>
> 　　二、全寿命周期管理
>
> 　　在信息化综合集成的基础上,顺丰速运根据物流快递的行业特性,提出了快件全生命周期的概念,据此进行信息化的模式创新。快件生命周期包括五个组成部分:客户环节、收派环节、仓储环节、运输环节、报关环节。目前,各个环节的信息化应用已经取得显著成效。
>
> 　　1. 客户环节
>
> 　　呼叫中心已经能够做到每一通呼叫都可记录对应的通话原因,每个客户投诉都有完整的处理流程。通过呼叫中心系统数据记录统计,已整理100个左右的解决方案,普通座席人员可以很有信心地处理90%的客户来电,从而降低了呼叫中心员工的工作压力,帮助员工提高了工作绩效,也为优秀员工提供了职业发展的空间。

2. 收派环节

手持终端程序的最大优势就是减少人工操作中的差错和提高操作人员的工作效率,目前顺丰使用的第四代手持终端系统使收派员的工作效率提高了20%以上。

3. 仓储环节

顺丰的全自动分拣系统能连续、大批量地分拣货物,并不受气候、时间、人的体力等因素的限制,可以连续运行。同时,由于自动分拣系统单位时间分拣件数多,因此自动分拣系统每小时可分拣7 000件包装商品,如用人工则每小时只能分拣150件左右,同时分拣人员也不能在这种劳动强度下连续工作8个小时。而且,自动分拣系统的分拣误差率极低,自动分拣系统的分拣误差率大小主要取决于所输入分拣信息的准确性,顺丰的全自动分拣系统采用条形码扫描输入,除非条形码的印刷本身有差错或损坏,否则不会出错,系统识别准确率高达99%。

4. 运输环节

GPS对车辆的动态控制功用,完成了运输过程的透明化管理,可以对运输方案、车辆配置及时中止优化,运输成本综合降低25%。

此外,在为电子商务客户服务方面,顺丰实现了信息化与电子商务客户之间的系统对接,同时以安全、快速的客户体验赢得了电子商务企业与个人客户的逐步信赖,深刻地改变了网购快递的习惯。

资料来源:中国物流与采购网,http://www.chinawuliu.com.cn/。

讨论题

1. 如何运用具体的物流技术实现物流各个环节的信息化?
2. 物流信息系统主要涉及哪些方面?如何利用物流信息系统优化各个生产过程?
3. 随着信息网络的不断发展,电子商务迅速渗透到人们的生活中,那么,物流在电子商务的发展中起什么作用?如何理解电子商务与物流信息化两者之间的关系?

学习要点

1. 了解物流信息、物流信息系统的概念。
2. 熟悉物流信息相关的技术以及物流信息系统的发展趋势。
3. 掌握物流信息系统的评价方法和评价指标。
4. 理解电子商务环境下的物流信息管理。
5. 掌握电子商务物流的绩效评价指标和评价方法。

重点与难点

1. 物流信息技术。
2. 物流信息系统评价方法和指标。
3. 电子商务物流的一般流程。

4. 电子商务物流绩效评价指标和方法。
5. 物流信息系统评价方法和指标。
6. 电子商务物流绩效评价指标和方法。

本章导语

物流信息系统是物流活动信息化的产物,是信息系统、信息技术在物流管理中的具体应用,也是管理科学、信息科学、计算机科学、通信技术、决策和优化技术等在现代物流中的综合应用,它已成为推动现代物流管理发展的强大动力。随着我国经济的发展、物流业的崛起,物流信息系统需要紧贴社会企业需求,不断优化发展。

第一节 物流信息与信息系统

一、物流信息

通常,物流信息可从狭义和广义两个角度来理解。从狭义范围来看,物流信息是与物流活动有关的信息。广义上说,物流信息还包括与流通活动有关的信息,如市场信息、商品交易信息等。物流活动的各个环节均存在诸多物流信息,通过这些信息传递可以指导和协调物流业务的各项工作。

物流企业在进行管理与制定决策时,需要对各个方面的信息进行分析把握,如运输工具的选择、运输路线的确定、最佳库存数量的确定、订单管理等。只有准确详细地掌握物流信息,才能对物流活动作出正确决策,从而保障物流企业的利益。通常,企业的物流信息量大且种类繁多,按照不同的分类依据可以将其分为不同的类别。图8-1为将物流信息按来源不同、物流功能不同、管理层次不同进行的三种分类。

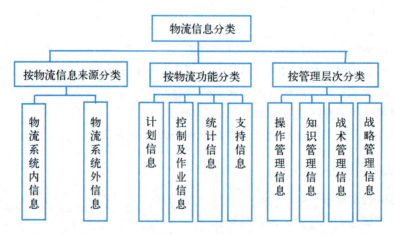

图8-1 物流信息的分类

二、物流信息系统

随着物流供应链管理的不断发展以及电子计算机技术的迅速普及,各种物流信息趋向复杂,物流企业迫切需要实现物流信息化。物流信息系统(logistics information system,简称 LIS)是以计算机、现代通信设备为基础,由人员、计算机硬件、软件、网络通信设备及其他办公设备组成的人机交互系统。它具有实时化、网络化、系统化、专业化、集成化和智能化等特点,能够满足现代物流的发展需求。

物流信息系统作为物流系统的中枢神经,它既是一个独立的子系统,又是为物流系统服务的一个辅助系统。鉴于物流信息往往贯穿于物流各子系统业务活动中,通过物流信息系统将运输、储存、包装、装卸搬运、配送、流通加工等业务活动联系起来,可以有效实现物流信息的管理和传递。物流信息系统一般由多个子系统构成,它们相互联系、相辅相成,为管理决策提供信息服务。

本书将其分为基础物流信息系统、物流管理控制系统和物流战略决策系统(图 8-2)。

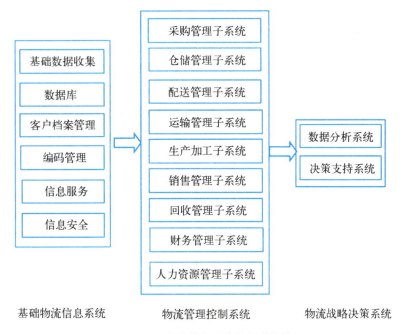

图 8-2 物流信息系统的组成结构

(1) 基础物流信息系统是指对基础数据进行收集和管理并提供信息服务的系统。对于物流企业而言,基础信息需要与客户的信息系统集成,并与客户共享物流信息,从而获得物流运作的基础信息。其既要实现与客户的信息系统的集成和通信,又要具备较强的安全保密措施。

(2) 物流管理控制系统是对物流活动的各项子业务进行管理,主要包括采购、仓储、配送、运输、生产加工、销售、财务等。各子系统依据业务需求,在获得的基础数据上对该子系统进行综合分析,从而实现系统资源的合理调度,为物流服务水平的提高提供帮助。

(3) 物流战略决策系统主要包含数据分析和决策支持,这一系统可以协助管理人员进行数据分析以及物流活动的各项决策。通常,准确的数据分析是进行物流决策的有效保障。物流活动的各项业务中存在诸多决策过程,常见的物流决策如图8-3所示。

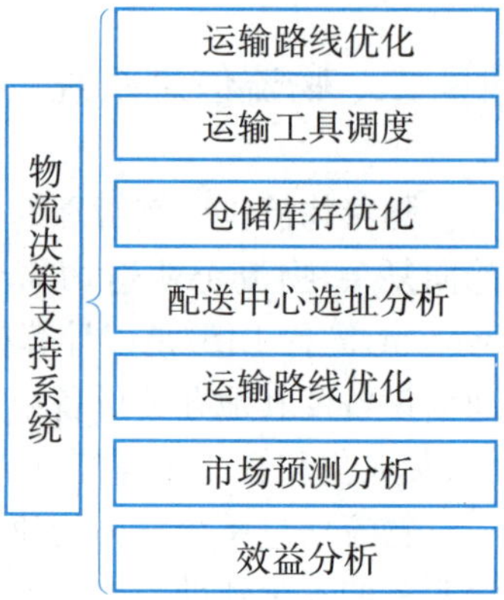

物流决策支持系统：
- 运输路线优化
- 运输工具调度
- 仓储库存优化
- 配送中心选址分析
- 运输路线优化
- 市场预测分析
- 效益分析

图8-3 物流决策支持系统功能

三、物流信息技术

物流信息技术是现代信息技术在物流各作业环节中的综合应用。物流信息的收集、加工处理、传输都离不开信息技术,只有集成多种信息技术的物流信息系统才能具备较高的自动化和智能化。物流企业通过信息技术切入业务流程,可以辅助人们对物流信息进行加工处理,同时也能够实现物流企业各生产要素的高效利用,降低经营成本。

物流过程中必然要经过许多物流节点,合理有效的物流信息技术在加快信息处理的速度的同时,也能够实现整个系统的智能化运作。例如,物流信息采集与识别技术实现了物品经过各物流节点时属性信息和位置信息的实时获取。信息交换和传输技术则有效地解决了物流信息读写时的信息传输问题,它是实现信息传输自动化的基础。此外,物流信息储存作为一切工作的基础,数据库管理系统可以有效存储物流信息系统的数据信息,在结合动态跟踪技术后,可以实现空间数据的再现与分析。表8-1为常用的物流信息技术。

表8-1 物流信息的相关技术

序号	分类	相关物流信息技术
1	信息采集与识别技术	条码技术
		射频识别技术
		EPC与物联网
2	信息交换与传输技术	网络技术
		电子数据交换技术(EDI)
3	信息存储与处理技术	数据库技术
		POS技术
		EOS技术
4	动态跟踪技术	全球定位系统(GPS)
		地理信息系统(GIS)

四、物流信息系统的现状和发展趋势

物流信息系统涉及物流过程中的各个环节,目前国内大多数企业对物流信息系统的使用仍然处在基础的信息采集、传输、加工和共享阶段。整体上来说,尽管我国物流各个环节,如运输、仓储、配送、劳动力等成本都远远低于发达国家,但整个物流的综合成本却远超于发达国家。究其原因,主要源于物流各环节信息化程度低、信息沟通不畅。因而,努力提高物流信息化程度可以有效解决当前面临的严峻问题。为了满足市场的需求,物流信息系统逐步朝着智能化、标准化及网络一体化的方向发展。

(一) 智能化

随着科学技术的发展,物流活动从手工作业到半自动化、自动化和智能化,这是一个循序渐进的过程。可以说,智能化是自动化的提升和进步,是自动化和信息化的一种高层次应用。它能在更大范围和更高层次上实现物流作业的自动化管理,从而减少人的体力和脑力活动。

智能化不仅能运用于日常的物流作业,也能辅助解决物流中涉及大量的决策,如物流网络的设计与优化、运输路径的选择、多种货物的拼装优化、库存水平的确定、补货策略的选择等优化处理问题。总之,智能化在减少物流过程中的网络和流程的资源浪费、提高资源利用率的同时,实现了物流服务价值的最大化。

(二) 标准化

标准化是现代物流的一个显著特征,也是物流业发展的必然趋势。运输配送、存储保管、装卸搬运、流通加工等作业过程的标准化,是提高物流作业效率的根本保障。物流信息系统中相关的信息标准化也不可或缺,由于物流企业往往为多个客户服务,倘若各企业的数据格式和单据形式不同,则意味着物流企业要同时满足自身和不同客户的数据格式和单据形式的要求,这无疑增加了不同软件数据之间的转换负担。因而,只有实现物流系统的标准化,才能真正实现物流系统的信息化、自动化、网络化和智能化。

(三) 网络一体化

经济全球化及网络一体化发展强力地推动着物流全球化的发展,大型的国际物流企业想要拓展国际物流市场,必然要求其及时准确地掌握全球的物流信息动态,利用已掌握的物流资源,构筑自己的全球物流信息网络,从而为客户提供更为优质和完善的服务。网络系统的建设是物流企业发展的重要保障,我国物流企业要想适应国际竞争并能在竞争中立足,建立全国性乃至全球性网络系统是必不可少的。一体化的网络系统可以帮助物流获得一定的规模经济效应,从而为企业在吸引用户的竞争中保持优势,并进一步降低企业成本。

第二节 物流信息系统的评价

物流信息系统的分析和评价是对已实施系统的工作情况、技术性能和经济效益进行评价度量,从而为系统进一步改善提供依据。物流信息系统在运行与维护过程中不断发生变化,因而其评价工作并非一次性工作,而应定期地进行以便为当前系统提供服务。

目前大多数物流信息系统的评价工作还处于非结构化阶段,只能就部分评价内容列出可衡量的指标,采用定量与定性相结合的方法进行综合评价。物流信息系统是面向应用的系统,因此评价系统的性能和实用性是物流信息系统评价的一个重要方面。同时,经济效益体现了应用物流信息系统后为企业带来的综合效益,是系统实施结果的最直观展现。因而,本书从性能和实用性、经济效益两个方面对物流信息系统进行评价。表8-2和表8-3分别为物流信息系统的性能和实用性评价指标,以及经济效益评价的相关指标。

表8-2 物流信息系统的性能和实用性评价指标

一级评价指标	二级评价指标
性能与实用性	1. 人机交互的灵活性与便捷性 2. 系统响应时间与信息处理速度 3. 系统输出结果的准确性与精确度 4. 系统的可靠性 5. 系统运行的稳定性 6. 系统的安全保密性 7. 系统文档资料的规范、完备与正确程度 8. 系统故障诊断、排除、恢复的难易程度 9. 用户对系统的满意程度

表8-3 物流信息系统的经济效益评价指标

一级评价指标		二级评级指标
经济效益	直接经济效益	1. 系统投资额 2. 系统运行费用 3. 系统运行新增收益 4. 投资回收期
	间接经济效益	1. 员工素质的提高 2. 业务重组及管理流程的优化 3. 企业形象的改善 4. 工作效率的提高 5. 基础数据的规范及质量的提高 6. 企业部门间协作能力的提高

通常,物流信息系统的经济效益包括直接经济效益和间接经济效益。直接经济效益是指应用该系统后直接产生的成本降低和收入增加。间接经济效益则是指系统通过改进组织结构及运作方式、提高人员素质等途径而间接地获得效益。

一般情况下,简单的定量计算可以获得物流信息系统的直接经济收益。系统投资额和运行费用可通过数据统计获知,而系统运行新增收益主要反映在成本降低、库存积压减少、流动资金周转快、销售利润增加和人力减少等方面。可用同等产出或服务水平下,信息系统导致的年生产经营成本费用节约额来表示。此外,投资回收期是反映物流信息系统经济效益好坏的重要指标,表示通过新增收益逐步回收投入资金所需的时间。在不考虑资金的时间价值情况下,其计算公式为

$$T = t + \frac{I}{(B-C)} \qquad (8-1)$$

式中：T 为投资回收期；t 为资金投入至开始产生效益所需的时间；I 为投资额；B 为系统运行后每年新增的效益；C 为系统运行费用。

从表 8-3 中间接经济收益的相关指标可以看出,物流信息系统所带来的企业管理水平的提高,以及其带来的综合效益的增加是无法精确计算的,因而只能作相应地定性分析。

第三节 电子商务环境下的物流信息管理

一、电子商务的概念

电子商务作为一种新兴的贸易形势,是信息技术发展和全球经济一体化相互融合的必然结果。电子商务(electronic commerce)是指利用计算机技术、网络技术和现代通信技术,通过自建电子商务平台实现整个商务活动电子化、数字化和网络化的过程。具体而言,其定义一般可分为广义和狭义电子商务。

为了进一步理解电子商务的定义,可运用电子商务概念模型加以分析。电子商务概念模型是对现实电子商务活动的一般抽象描述,主要由电子商务实体、电子市场、交易事物和信息流、资金流、物资流等基本要素构成,如图 8-4 所示。

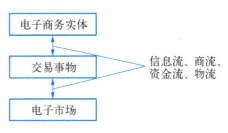

图 8-4 电子商务的概念模型

在电子商务环境中,传统商务活动中涉及的信息流、资金流、商流和物流均呈现一体化趋势。信息流作为电子商务的基础,能够及时提供准确的信息以便于对企业进行有效的控制。资金流是电子商务中连接生产企业、商业企业和消费者的重要纽带,其有计划地完成了商品价值形态的转移过程。商流是为物资与其等价物的交换运动和物资所有权的转移,主要包括买卖交易活动及商情信息活动。对于电子商务而言,信息流、资金流和商流均可通过网络平台来实现。

二、电子商务的分类

物流根据信息流和资金流的要求满足了企业与顾客的物流需求,对于大多数商品

和服务来说,它是商品和服务价值的最终体现,也是企业提高市场竞争力的重要因素。因而,对电子商务企业而言物流发展的好坏与企业的发展密切相关。通常,电子商务涵盖的范围广泛,从不同的角度可分为不同的类型,如表8-4所示。

表8-4 电子商务分类

序号	分类标准	具体内容
1	按交易对象划分	(1) ABC(agent to business to consumer) (2) B2B(business to business) (3) B2C(business to customer) (4) C2C(consumer to consumer) (5) B2G(business to government) (6) B2T(business to team) (7) O2O(online to offline)
2	按交易过程划分	(1) 交易前电子商务 (2) 交易中电子商务 (3) 交易后电子商务
3	按使用的网络类型划分	(1) 基于电子数据交换的电子商务 (2) 基于企业网络环境的电子商务 (3) 基于Internet网络的电子商务
4	按交易的地域范围划分	(1) 本地电子商务 (2) 远程国内电子商务 (3) 全球电子商务

三、电子商务物流

电子商务物流是指基于电子信息技术,实现物流服务电子化、网络化和自动化的新型商业模式。其本质在于通过实现物流组织方式、交易方式、管理方式和服务方式的电子化,从而实现商品本身的所有权转移。随着信息经济的高速发展,物流业的竞争日趋激烈,电子商务物流成为物流行业发展的必然趋势。

物流是实现交易商品时间和空间价值的关键支撑。电子商务只有依托物流才能顺利完成,从而满足最终的客户需求。电子商务物流作为与实体客户接触的环节,其业务范围的扩展弥补了线上业务的不足,承担了电子商务平台与其客户企业的实际业务。企业通过建立电子商务物流体系,可以有效整合内部资源,实现物流、商流、资金流和信息流四者的有机结合。因而,物流企业要想提高自身的综合竞争力必然要着力加强信息化和电子商务的建设和应用。

通常,电子商务物流的一般流程主要包含四类主体,分别为供应商、电子商务平台、物流服务商和客户。其中,电子商务平台和物流服务商是联结客户与供应商的桥梁,先由电子商务平台完成客户与供应商的信息沟通,再由物流服务商完成供应商与客户的实物交付。同时,物流服务商与电子商务平台也可通过信息交换扩展服务内容,提升服务效率,增加整个流程的准时性和可视化程度。具体如图 8-5 所示。

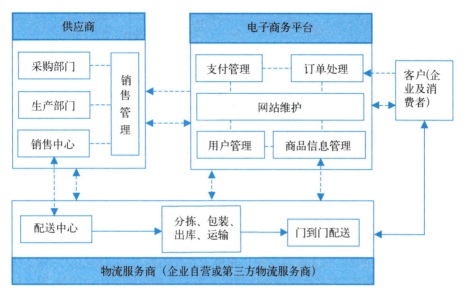

图 8-5 电子商务物流的一般流程

资料来源:焦志伦,于知含.我国电子商务物流发展现状和存在问题分析.港口经济,2010,08:38-42。

四、我国电子商务的发展趋势

随着互联网的迅速发展和普及,电子商务模式不断丰富,物流在电子商务中也得到了进一步广泛的应用。人们通过在网上获取商品信息、在线交易和网上结算从而实现整个商务活动。电子商务的高速发展得益于多方面的因素,首先电子商务在中小企业中渗透率逐渐增加,企业意识到电商化带来的巨大收益,加速推动了各个行业的快速发展。

近年来,随着各类 APP 的快速发展,大量中小企业推出了移动 APP 客户端,他们通过不断优化用户体验,有效提高了营销精准度和促销力度。传统的电商企业也纷纷加大和完善移动端布局,用户凭借智能手机、pad 等移动设备,促进了移动购物的迅速发展。同时,国内兴起的诸如生鲜电商、闪购电商等垂直电商,尽管面临着诸多困难,但也为电商的未来发展带来了巨大机遇。此外,在政府政策的大力支持及全球电商快速发展和中国电商全球化的大趋势下,中国跨境电商的行业格局日渐稳固,将迎来高速发展时期。由此可见,未来的电商发展模式和途径也将更加丰富。

根据现有数据以及相关预测,图 8-6 显示了 2010—2017 年我国的电子商务交易市场规模。从其预测结果可以看出,未来几年内我国的电子商务市场总体上将保持增速平稳发展,其潜力与增值空间巨大。

尽管我国的电子商务前景较好,但电子商务爆发式发展必然为物流发展带来更多

图 8-6 2010—2017 年我国电子商务市场交易规模

资料来源：综合企业财报及专家访谈，根据艾瑞统计模型计算。

的挑战。多数物流企业仍然无法适应现代化电子商务的需求，呈现规模小、服务质量差的状态。除少数企业外，大多数物流企业技术装备和管理手段仍比较落后，服务网络和信息系统不健全，大大影响了物流服务的准确性和及时性。因而，如何实现物流的信息化、多功能化、全球化，为客户提供优质服务是当前电子商务物流领域的发展迫在眉睫的问题。

第四节　电子商务物流的绩效评价

电子商务物流绩效是一个相当复杂的概念，整个商务过程涉及的作业活动多样。长期以来，对物流绩效的衡量缺乏行之有效的标准。目前我国对电子商务物流的绩效评价的研究还不够深入，并未形成一套完善的评价体系。学者们考虑的因素及标准不同，运用的绩效评价方法和指标也不尽相同。总体而言，电子商务环境下的物流绩效评价不存在统一的固定模式。

电子商务物流绩效评价主要由电子商务企业物流绩效评价指标体系和评价方法两部分组成。物流绩效评价方法是企业物流绩效评价的具体手段。在确定合理的评价指标的基础上，应选用合适的评价方法来确定评价指标的权重和处理指标原始数据，而后方可对各项数据按一定方法进行分析。现有文献中涉及的评价方法多种多样，常用的有模糊综合评判法、层次分析法、数据包络分析法、神经网络等，但不同的方法各具优缺点，因而选择合适的评价方法对评价结果至关重要。通过电子商务物流绩效评价可以找到电子商务企业运作的薄弱环节，从而正确判断企业的实际经营水平，为提高企业的经营能力、增加企业的整体效益提供依据。

随着电子商务行业的竞争日趋激烈，服务质量与水平逐渐成为比价格更重要的因素。在电子商务物流活动中，客户利用互联网访问电子商务平台，在网上获取商品信息，按照客户需求挑选相应的产品，下单后根据在线平台实现在线交易、网上结算以及跟踪购买商品的配送信息。显然，企业的信息能力、响应速度和物流配送能力直接关系着顾客的用户体验，也决定着企业的实际运营。因而，本书从电子商务物流的成本效益、响应性、信息能力和客户服务四个方面构建评价指标体系。具体如表8-5所示。

表8-5 电子商务物流绩效指标

一级评价指标	二级评价指标
成本效益指标	(1) 成本费用利用率 (2) 资产负债率 (3) 存货周转率 (4) 净利润率
响应性指标	(1) 客服响应时间 (2) 订单处理时间 (3) 订单出库时间 (4) 订单配送时间 (5) 订单准时交货率 (6) 退换货处理响应时间
信息能力指标	(1) 网络覆盖范围 (2) 信息沟通能力 (3) 订单处理能力 (4) 订单支付的安全性与准确性 (5) 订单信息追踪能力 (6) 突发事件的应急能力 (7) 客户信息的安全性
客户服务指标	(1) 送货完好率 (2) 配送差错率 (3) 客户投诉率 (4) 客户满意率 (5) 客户保持率 (6) 客户退货率或调换率 (7) 市场占有率

本 章 小 结

物流信息系统作为物流系统的中枢神经，既是一个独立的子系统，又是为物流系统服务的一个辅助系统。它将物流中的各项业务活动联系起来，实现了物流信息的有效管理和传递。

物流信息系统包括基础物流信息系统、物流管理控制系统和物流战略决策系统三个子系统。其发展趋势为智能化、标准化、网络一体化。

常用的物流信息技术包括信息采集与识别技术、信息交换与传输技术、信息存储与处理技术和动态跟踪技术。

物流信息系统的评价包括物流信息系统的性能评价、实用性评价及经济效力评价。

电子商务是指利用计算机技术、网络技术和现代通信技术,通过自建电子商务平台实现整个商务活动电子化、数字化和网络化的过程。

电子商务物流的绩效评价指标包括成本效益、响应性、信息能力和客户服务四个方面。

第九章　物流企业合作评价

引导案例

JB物流企业寻找伙伴之路

JB物流企业是我国一家集公路、铁路、仓储、信息服务等为一体的综合性物流公司。现今企业已备有敞车、高栏车、全封闭车、半封闭车、商品车专用运输车、集装箱车、冷藏车、特种运输车等各种运输工具。

为了在激烈的市场竞争中扩大企业经营范围，特别是针对深圳、厦门等经济发达地区的物流业务，需要与其他企业进行合作。如何选择适合自己企业发展的合作企业成为该企业需要思考的问题。

讨论题

1. 物流企业与同行企业合作有什么意义？
2. 物流企业如何选择合作企业？

学习要点

1. 了解物流行业和物流企业的现状和问题。
2. 了解中小物流企业通过合作方式解决目前存在的问题。
3. 掌握灰色评价分析法，了解企业合作时候要考虑的合作指标。

重点与难点

灰色评价分析法的掌握、学习和应用。

本章导语

通过介绍我国物流行业和物流企业，并通过分析物流行业和物流企业的现状和问题，提出中小物流企业通过合作方式来解决目前存在的问题。

希望读者通过阅读学习了解企业合作时候要考虑的合作指标。掌握灰色评价分析法的原理和应用于实际的解决方法。

第一节 物流企业现状

一、物流行业

(一) 物流行业发展地位

物流业是融合运输业、仓储业、货代业和信息业等的复合型服务产业,是国民经济的重要组成部分,涉及领域广,吸纳就业人数多,促进生产、拉动消费作用大,在促进产业结构调整、转变经济发展方式和增强国民经济竞争力等方面发挥着重要作用。

物流产业对国民生产总值的贡献程度,可通过物流产业所创造的产值占国民生产总值的比例来衡量。2001—2008 年物流业增加值占 GDP 的比重呈波动下降趋势,2009—2012 年呈波动上升趋势,这说明物流业在整个国民经济中的地位有所提高。其中,2012 年物流业增加值占 GDP 的比重为 6.8%。

(二) 我国物流发展现状

近年来,随着我国国民经济的发展和城乡居民生活水平的迅速提高,我国商品流通行业坚持为人民生活服务、为生产建设服务的根本宗旨,加快市场发展,不断扩大商品流通规模,社会消费品零售总额年均增长约 10%,为商业物流发展提供了持续增长的空间;结构调整取得了积极的成果,流通产业所有制结构、组织结构和业态结构得到了调整优化;经营主体多元化进一步发展,多种经济成分充分竞争,国营、民营、国外商家共同发展的流通格局基本形成;传统营销方式逐步得到改造,超市、便利店、专卖店、仓储式商场、购物中心等新型业务成长迅速;电子商务的兴起,已经成为商品市场中新的增长点。目前已有多家流通企业成为上市公司,一批适应现代化大生产的流通集团企业正在成长起来,2005 年商业企业中已出现最大年销售超过 100 亿元的商家。然而,和我国商业快速增长的态势相比,与之配套、为其发展提供后劲支持的商业物流仍处在相对滞后的状态,其突出表现如下:

1. 物流设施老化,服务功能单一

我国的部分大型商业物流设施建造年代已久,亟待更新改造,加之物流企业效益低微,难以支付庞大的设施改造费用,造成相当多数量的设施长期带病运作,透支自身的使用价值,给企业带来严重隐患,并制约着企业的发展。

2. 条块分割明显,管理水平偏低

我国的商业物流系统零散分布于批发企业、零售企业、物资企业、储运企业等商业企业中,由于企业的独立核算性质,造成各分散的物流系统、设备设施等不能相互利用和集中管理,导致资源闲置和资源浪费同时出现的问题。同时,许多企业仍然习惯于计划经济时期的储存和运输的历史分工,将商业物流的许多环节人为隔离,使商业物流的功能单一化,长期低水平地提供单一的物流服务,束缚了商业物流的健康发展。

3. 配送中心总体配送比率较低,商业连锁优势未能充分发挥

从我国现有商业零售企业来看,除了一些大中型、知名的商业企业以外,一般的商业"连锁"企业大都没有建立自己的物流配送中心或利用第三方物流中心。有些企业虽然也建立了一些自己的"连锁"分店,但实际上商店经营的商品并没有做到"统一采购、统一配送、统一结算"。

4. 专业化分工薄弱

物流设施投资大、建设周期长、资金回收慢,但是,不少商业企业甚至一些经营规模不大的商业企业抱着"万事不求人"的思想,宁可自己买地皮、建仓库,也不愿将物流和商物分离,交由社会专业物流企业经营。一方面,造成商业企业不能将全部精力集中在建立营销网络、打造营销队伍等方面,削弱了核心竞争力;另一方面,企业的非专业物流服务造成企业物流能力不高,往往会延误企业和商业的经营活动。商品采购规模受到企业发展规模的影响,导致采购成本难以降低。

5. 商业物流设施布局不尽合理

一是各物流设施比较分散,在进行物流作业时,造成设施间的转换成本高;二是由于城市的发展,一些物流设施的位置已失去原来的优势,急需进行调整和统筹规划;三是在新建设施的布局上仍然存在各自为政的现象,缺乏通盘考虑和统一规划,影响商业物流整体发展。

6. 现代化程度低、信息化水平不高

随着信息技术的快速发展,国际、国内各种商业物流利用信息技术提升管理水平的企业已经越来越多。例如,目前采用较多的信息管理技术包括产品识别条码(BC)、企业资源计划系统(ERP)、管理信息系统(MIS)、电子数据交换系统(EDI)、地理信息系统(GIS)、自动分拣系统(ASS)、柔性物流系统(AGV)、全球定位系统(GPS)、仓库管理系统(WMS)等。从国际国内商业物流的信息化程度来看,美国、日本等发达国家的连锁商业配送中心普遍采用了机械化、自动化配合信息系统的整合作业模式,大大提高了管理效率、节约了人员成本。相比而言,我国商业物流中心的现代化程度就相对落后了。尽管商业物流中心在我国的发展迅猛,管理经验也在不断丰富,商业物流发展前景良好,但与那些零售业高度发达的欧美国家相比,我国商业物流配送还停留在较低层次的发展水平,依然存在着诸多制约国内商业物流产业发展的问题与瓶颈,商业物流配送中心的商品配送比例、配送规模、现代化程度、配送技巧、管理思想等方面均需进一步完善和提高。

(三) 我国物流行业发展前景

《国民经济和社会发展"十二五"规划纲要》明确提出要大力发展现代物流业:加快建立社会化、专业化、信息化的现代物流服务体系,大力发展第三方物流,优先整合和利用现有物流资源,加强物流基础设施的建设和衔接,提高物流效率,降低物流成本。推动农产品、大宗矿产品、重要工业品等重点领域物流发展。优化物流业发展的区域布局,支持物流园区等物流功能集聚区有序发展。推广现代物流管理,提高物流智能化和标准化水平。

《服务业发展"十二五"规划》明确提出要大力发展第三方物流,到 2015 年,服务业

增加值占国内生产总值的比重较 2010 年提高 4 个百分点,即 47.5%,成为三次产业中比重最高的产业。根据《服务业发展"十二五"规划》,预计到 2017 年中国物流业增加值将达到 5.4 万亿元。

二、物流企业的相关概述

(一)物流企业的定义

2005 年 4 月 27 日,国家质量监督总局和国家标准化委员会颁布《中华人民共和国国家标准物流企业分类与评估指标》(GB/T 19680-2005),并于同年 5 月 1 日正式实施。该指标对物流企业的定义进行了规范。

物流企业(logistic enterprise)是指至少从事运输(含运输代理、货物快递)或仓储一种经营业务,并能够按照客户物流需要对运输、储存、装卸、包装、流通加工、配送等基本功能进行组织和管理,具有与自身业务相适应的信息管理系统,实行独立核算、独立承担民事责任的经济组织。

(二)物流企业的分类

物流企业可以从产权形态、组织结构、业务范围、物流功能、业务最终承担者、企业性质、业务内容、组织形态、服务形态、历史过程等多个角度来分类(表 9-1)。

表 9-1 企业不同角度的分类

分类方式	类别	定义涵盖
根据物流企业所承担的物流功能和业务范围划分	功能性物流企业	承担某一项或几项物流功能,如运输、仓储、流通加工等,也叫作单一物流企业
	综合性物流企业	能够完成和承担多项甚至所有的物流功能的企业,这类企业一般资金雄厚,规模大,口碑信誉好

(三)物流企业的发展现状

尽管我国政府已经明确地将物流列为一种产业,而且自诞生以来,物流产业主要经济指标一直呈现平稳增长态势,市场需求逐年增大,特别是最近几年,随着我国改革开放的不断深入,市场经济异常活跃,以及网络购物的异军突起使得物流企业在最近几年出现井喷式增长。在这种高速发展中也出现了不少问题,成为发展的羁绊、成长的瓶颈。

1. 自办物流市场需求不稳定

在物流企业中很大一部分企业领导人都尽力将自己的物流公司办成无所不能的又大又全的物流公司。这种自办物流对企业和市场的损害是显而易见的。首先,增加了系统管理的难度;其次,增加了额外的成本,造成很多重复建设和闲置资源。

2. 缺乏专业物流管理人才

物流若朝着专业化方向发展对物流人才的需求是不可缺少的一个前提。中国物流无论是理论研究还是经营实践都比西方发达国家起步较晚。目前物流行业在市场中也属于新兴行业。从本质上来说,物流业是一个行业交叉比较突出的行业。其工作流程包括包装、运输、装卸、信息处理等工作。因此,专业的物流人才对综合管理能力的要求非常高。

3. 设备陈旧老化

物流设备的陈旧和老化是目前我国物流业基础设施的普遍特征。这些设备大都在物流业刚刚兴起的20世纪末投入使用,随着长时间的超负荷运转,这些设备大都磨损严重,而且与现代化的物流设备相比,它们的自动化智能化都非常落后,根本不能满足现代物流的需要。

4. 服务意识不足

在物流运作中,物流企业缺乏对客户需求的研究,没有针对客户需求提供多种个性化服务。单一的运作模式和服务模式使得客户只有改变自身的特殊需要来适应这种物流现状。物流本身是一种服务行业,也应该通过自身的发展和完善不断适应客户的需求,而不是让客户来适应物流的需求。

5. 企业的物流增值功能不足

物流企业的收益中包含两个部分:一是基础性服务带来的收益;二是增值服务带来的收益。据调查,目前我国物流企业的收益超过80%来自基础性服务,来自增值服务的收益不足20%。所谓增值服务就是指物流企业对代运货物进行重新整理,使之更加合理有序、功能完备,通过这种增值服务,产品附加值能够得到提升,同时物流服务的附加值也能够得到相应提升。

(四) 我国中小物流企业合作的动因分析

针对现阶段我国物流业信息程度低、设备利用率低并且比较过时等问题,合作无疑是解决上述问题的一条比较可行的方法。通过分析,得出以下四点是中小物流企业可能合作的原因。

1. 合作有助于物流企业扩大服务种类和服务范围

我国物流发展时间短,提供的服务种类相对比较少。特别是在信息、系统规划等含技术量较高的一些增值服务上面。据统计,在2005年我国有79%的物流企业建立了信息系统。在已建立信息系统的企业中,93%具有业务管理、92%具有查询功能、73%具有信息通信,仅有32%可以用于优化分析、22%能用于市场分析。信息系统和外界的主要作用还是作为一种信息发布的手段,并不能使客户和企业进行好的沟通或者提供服务。随着我国经济的发展,对物流服务的要求也越来越高,单一的物流服务根本不能满足物流需求企业的要求。提高物流质量和增加物流服务种类是中小物流企业必须解决的问题。通过不同类型的物流企业合作,可以扩大物流企业的服务种类。同时,在开展新业务的过程中,通过合作,有助于降低市场的风险。毕竟,开展新业务时,无论是资金还是技术都是合作双方共同提供的。

现今,我国物流行业内的企业规模都不是很大,技术也不高,导致行业内市场集中度还比较低。特别是中小物流企业,规模小,且大多服务对象是当地企业,不能提供跨区域的物流服务。由于规模小、服务区域有限,中小物流企业将很难进行企业扩张。特别是在一些有地方保护主义的地区。通过区域间的互补合作,可以有效地扩大企业服务区域。同时,对于企业将来合作结束后进入该市场的阻力也小一些。

2. 合作有助于提升企业知名度

在现代物流市场上的竞争中,不仅仅是企业经营成本、技术、服务之间的竞争,更是企业品牌之间的竞争。客户在需求物流服务时,大都是需求知名度较高的物流企业。知名度可以说是物流企业的一个无形的资本,它代表着市场对企业服务水平的一个认可,是企业多年服务,由市场给出的一个综合评价。对于中小物流企业而言,由于企业服务对象狭隘,知名度局限于当地,这对于企业的未来的发展是很不利的。特别是在企业扩张过程中,企业需要花费大的资本去进行新业务的开展,如借助媒体对企业进行宣传等。这些新增加的成本对于中小物流企业而言是一个大的负担。通过中小物流企业间的合作,能够整合双方的服务优势,提高合作双方的服务水平。特别是在区域性互补合作中,可以借助合作方的知名度来提高企业在当地的知名度。服务水平的提高,更有助于企业知名度的提高。

3. 合作有助于合作双方优势互补

作为21世纪一个最具增长潜力和市场容量的大国,我国的市场吸引着越来越多的外资企业进入。现今,外资进入中国市场,想自己拥有公司业务范围内的全部资源和功能,既有难度,也不经济,更无必要。对它们而言,都面临着如何"本土化"的问题。因此,寻找合适的合作伙伴、进行各种形式的合作,就是外国物流公司在中国站稳脚跟、开展业务的一个现实和有效的选择。我国物流服务的水平比较低,据调查我国物流费用占GDP的比率比欧美国家要高出10个百分点。一方面,这说明了我国物流行业在质量上面与欧美国家存在着质的差距;另一方面,由于我国产业结构和经济发展阶段和欧美国家不同,我国与发达国家在物流行业也没有可比性。因此,中小物流企业应该抓住外资物流企业这一段对市场的熟悉时间,依托自己对市场的熟悉,积极寻求增强企业核心竞争力的方法,中小物流企业能够占据一定的物流市场,一般都拥有自己的核心竞争力。

因此,中小物流企业在合作过程中,要能够相互学习、取长补短,以增强企业的核心竞争力。

4. 合作可以降低企业的运营成本和提高工作效率

追求利益是企业生存的根本。同样的利益导向也是物流合作形成的最根本的原因。由于我国物流市场及其利润空间是非常巨大的,企业之间共享的利益是这种合作形成的基础。第三方中小物流企业通过合作,实现资源的有机配置,提高了物流效率,实现物流效益的最大化。同时,现阶段我国的物流竞争还处于初级阶段,主要是以价格竞争为主体,通过合作,可以使企业避免过度竞争。另外,物流服务是一个跨区域、跨行业的综合性服务。因此,服务的种类繁多,通过联合可以发挥各自企业的优势,使得服务更加专业化,提供高质量、低成本的物流。可以这样说,合作也是物流企业自身发展的需要。

提供不同类型服务以及在不同地域提供物流服务的企业有着很强的互补性,我国物流企业的固定资源存在很大程度的浪费,通过不同类型物流企业的合作,可以在有效地利用资源的同时,扩展企业提供服务的种类和效率。不同地域的物流公司的合作,则可以在使物流公司的汽车等资源形成一个回路的同时,扩展企业的服务地域,降低了企业进入一个新市场的成本。

最后,对于第三方中小物流企业合作而言,互补性合作战略是将不同核心能力的物流伙伴集成,互补性地合作,完成合作项目的价值链活动,从而实现价值链的优化。第三方物流企业的相似性合作战略是指个别物流企业有相似的核心资源,可以共同完成相同的价值链活动,实行价值链的共享,以达到短期内形成规模经济、分担风险、降低成本的目的。因此,第三方物流企业的合作方式多种多样。互补性合作可以扩大企业经济范围,各取所需;而相似性合作可以求得规模效益。

第二节　我国中小物流企业合作评价

一、灰色评价分析法

灰色层次评价法是在灰色评估法结合美国运筹学家萨蒂于20世纪70年代提出的层次分析法而形成的研究方法。灰色综合评估法是一种以灰色关联分析理论为指导,基于专家评判的综合性评估方法。层次分析法是一种定性分析和定量分析相结合的评价方法,其在第三方物流企业的评价中运用灵活、易于理解,而又具有一定的精度。灰色层次分析法的具体步骤如下。

1. 确定灰色层次分析法评估模型

用灰色层次分析法评估第三方中小物流企业合作伙伴选择中各个影响因素的影响程度,首先是确定评价的目标,再明确方案评价的准则和各指标,然后把目标评价准则连同各方案构成一个层次结构模型。

2. 因素两两比较评分和判断矩阵

影响因素的评价模型确定后,就需要专家或者具有物流管理经验的人员对各影响因素进行两两比较评分。以表9-2所示的分值表示。经评分可得表9-3所示的两两判断矩阵。

表9-2　所示的分值

标度 a_{ij}	含　义
1	i因素与j因素同样重要
3	i因素与j因素略重要
5	i因素与j因素稍重要
7	i因素与j因素重要得多
9	i因素与j因素重要的很多
2,4,6,8	i因素与j因素重要性处于上述相邻判断的中间值

表9-3 两两判断矩阵

判断项 w_j / 判断项 w_i	B_1	B_2	...	B_n
B_1	a_{11}	a_{12}	...	a_{1n}
B_2	a_{21}	a_{22}	...	a_{2n}
...	...	...	...	...
B_n	a_{n1}	a_{n2}	...	a_{nn}

假设两两判断矩阵为第 k 位专家给出,记为 A^k。B_i 表示方案层中 B_i 所代表的选择因素;a_{ij} 表示经专家两两打分的分值;其中 a_{ij} 的分值表示因素 B_i 相对于因素 B_j 的相对重要性。

3. 计算各判断矩阵权重、排序,并做一致性检验

(1) 求两两判断矩阵每行元素的几何平均值 $\overline{w_i^k}$ 的公式如下所示。

$$\overline{w_i^k} = \sqrt[n]{\prod_{j=1}^{n} a_{ij}} \quad (9-1)$$

其中,$\overline{w_i^k}$ 表示各个因素相对于因素 B_i 重要性的几何平均数。

(2) 将 $\overline{w_i^k}$ 归一化,可以得出第 k 位专家给出的两两评价矩阵中各个因素的权重 w_i^k。计算公式如下。

$$w_i^k = \frac{\overline{w_i^k}}{\sum_{r=1}^{n} \overline{w_i^k}} \quad (9-2)$$

(3) 为了确定所得的权重是合理的,需要对矩阵进行一致性检验。首先计算判断矩阵的最大特征值 $\lambda_{\max}^k$ 公式如下所示。

$$\lambda_{\max}^k = \sum_{i=1}^{n} \frac{(A_k w_i^k)_i}{n w_i^k} \quad (9-3)$$

其中,$(A_k w_i^k)_i$ 为向量 $A_k w_i^k$ 第 i 个元素。

(4) 计算 CI^k,并进行一致性检验。

在计算出 $\lambda_{\max}^k$ 后,可计算 CI^k,进行一致性检验。

$$CI^k = \frac{\lambda_{\max}^k - n}{n-1} \quad (9-4)$$

判断矩阵一致性指标为 CI(consistency index),对于多阶两两判断矩阵,需引入平均随机一致性指标 RI(random index)。判断矩阵一致性指标 CI 与同阶平均随机一致性指标 RI 之比称为随机一致性比率 CR(consistency ratio)。当 $CR<0.10$ 时便认为判断矩阵具有可以接受的一致性;当 $CR>0.10$ 时,就需要调整和修正判断矩阵,使其满足 $CR<0.10$,从而具有满意的一致性。上式中 n 为判断矩阵阶数,由表 9-4 查随机一

致性指标 RI，并计算比值 CI/RI，当 $CI/RI<0.1$，表明判断矩阵一致性达到了要求；否则重新进行判断，写出新的判断矩阵。

表 9-4　一致性指标 RI

n	1	2	3	4	5	6	7	8	9
RI	0	0	0.58	0.90	1.12	1.24	1.32	1.41	1.45

（5）引入群体决策时各个专家相对权重的确定。

由于评分时各个专家由于知识结构、社会阅历、对事物认识不同等原因，使得专家给出的两两判断矩阵的真实度和可信度也不一样。因此，需要对专家给出的两两判断矩阵进行赋予权重处理。

设有 m 位专家进行打分，给出了两两判断矩阵。利用第 k 位专家给出的两两判断矩阵 A^k，以及一致性检验比率 CR^k，可以计算出第 k 位专家的权重。

$$P_k = \frac{1}{1+aCR^k} \quad a>0, k=1,2,\cdots,m \tag{9-5}$$

式中 a 为可调数据，起一个调节器的作用。当 a 取值过大或者过小时，往往专家的权重难以判别。在实际运用过程中，a 取值一般为 10。

将 P_k 进行归一化处理，得到专家的权重 P_k^*。

$$P_k^* = \frac{P_k}{\sum_{i=1}^{n} P_k} \tag{9-6}$$

（6）指标综合权重的确定。

第 i 个因素在第 k 位专家给出的两两判断矩阵中的权重 w_i^k。将这个权重和第 k 位专家的权重相乘。最后将同一因素在不同专家中计算得出的权重相加，即可得该因素的权重 w_i。第 i 个因素的权重如下。

$$w_i = \sum_{i=1}^{n} w_i^k P_k^* \tag{9-7}$$

最后将 w_i 进行归一化处理得到该指标的综合权重 w_i^*。

$$w_i^* = \frac{w_i}{\sum_{i=1}^{n} w_i} \tag{9-8}$$

同理，可以计算出不同层次指标的权重。在本方法的研究过程中，首先引入了多个专家对指标的评价，避免了由于一个专家评判而产生的随机偏差。同时，不同的专家又赋予不同的权重，使得更专业、水平更高的专家的评判结果更能被采纳。因此，能够保证计算结果更加接近实际值。

4. 制定合作伙伴选择评语集

根据专家的意见，对在物流企业合作伙伴选择过程中的各个候选物流企业的情况进行打分,最终将评价等级定位。

$$V = [优,良好,一般,差]$$

以 10 分制进行打分,将定性的指标进行量化。各个评价等级对应的分值区间为

$$P = [8,10],[5,8],[2,5],[0,2]$$

则各个灰类评价等级值化向量为

$$V = (9, 6.5, 3.5, 1)$$

则第 k 个专家对某个获选合作企业的评价指标 a_{ij} 给出的打分记为 a_{ijk},即可获得评分的样本矩阵

$$D = \begin{pmatrix} a_{111} & \cdots & a_{1n1} \\ \vdots & \ddots & \vdots \\ a_{11M} & \cdots & a_{1nM} \end{pmatrix}$$

5. 评价灰类确定

对第三方物流企业合作伙伴评价灰类的确定:评价灰类的等级数、灰类的灰数和灰数的白化权函数。灰类要根据评价等级、通过定性分析确定,设评价灰色序号为 e,常用的白化权函数有三种,则灰类的灰数和白化权函数如图 9-1 所示。

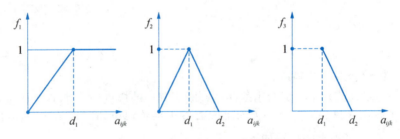

图 9-1 灰类的灰色和白化函数

6. 计算灰数评价系数

假如第 k 对指标打分,则二级指标隶属于第 c_{ij} 个评价灰类的灰色评价系数记为

$$X_{ije} = \sum_{k=i}^{p} f_e(a_{ijk}) \qquad (9-9)$$

计算 c_{ij} 的上类形态灰类、中类形态灰类以及下类形态灰类总和,即二级指标 c_{ij} 属于各个评价灰类的总灰色评价数记为

$$X_{ij} = \sum_{e=i}^{r} X_{ije} \qquad (9-10)$$

将各类形态灰类进行归一化处理,X_{ije} 与 X_{ij} 的比值为二级指标属于第 e 个评价灰类的灰色评价权,记为 r_{ij}。

$$r_{ij} = \left\{ \frac{X_{ij1}}{X_{ij}}, \frac{X_{ij2}}{X_{ij}}, \cdots, \frac{X_{ije}}{X_{ij}} \right\} \quad (9-11)$$

设有 k 个评价灰类,则二级指标 c_{ij} 的灰色评价向量为 $r_{ij} = \{r_{ij1}, r_{ij2}, \cdots, r_{ijk}\}$,最后将评级一级指标 B_i 所属二级指标 C_{ij} 对应各个评价灰类的灰色评价权向量综合后,得到二级指标灰色评价权矩阵 R_i。

7. 综合评价结果

物流企业合作伙伴选择因素的一级指标 B_i 的灰色评价权向量为

$$B_i = W_i \times R_i \quad (9-12)$$

$B = \{B_1, B_2, \cdots, B_i\}^T$ 为一级评价指标 B_i 属于各个物流选择因素的评价灰类。假设 A_i 为第 i 个候选物流合作伙伴各个因素在合作后的灰色评价程度。则有

$$A_i = W^T \times B_i \quad (9-13)$$

假设 S_i 为企业 i 最后的评价结果,则有

$$S_i = A_i \times V^T \quad (9-14)$$

比较 S_i 值,其中值最大的企业为所代表的就是最佳合作伙伴。

第三节 物流企业合作伙伴选择

JB物流企业是我国一家集公路、铁路、仓储、信息服务等为一体的综合性物流公司。现今企业以备有敞车、高栏车、全封闭车、半封闭车、商品车专用运输车、集装箱车、冷藏车、特种运输车等各种运输工具。

为了在激烈的市场竞争中,一定程度上扩大企业经营范围,特别是针对深圳、厦门等经济发达地区的物流业务,需要同行业之间的企业进行合作。在合作过程中,可以学习合作伙伴的先进管理理念以及服务流程等。另外,学习信息系统在企业中应用,加大企业未来增长服务的种类,提高企业的核心竞争力。

一、第三方中小企业合作伙伴选择与评价

根据前面的指标体系,可以得出第三方中小物流企业合作伙伴的评价指标如下所示。

$U = (X_1$ 物流企业内在能力,X_2 物流企业服务水平,X_3 合作稳定性,
　　X_4 合作伙伴发展潜力,X_5 服务价格,X_6 营销能力)

其中

$X_1 = (X_{11}$ 企业的财务稳定性,X_{12} 物流设备拥有量,X_{13} 物流技术水平,
　　X_{14} 物流企业信息系统,X_{15} 物流企业柔性,X_{16} 市场占有率)

$$X_2 = (X_{21}作业完成率, X_{22}作业准确率, X_{23}作业准时率,$$
$$X_{24}作业保质率, X_{25}售后服务)$$
$$X_3 = (X_{31}经营理念, X_{32}利益与风险共享性, X_{33}历史合作情况,$$
$$X_{34}服务方向, X_{35}服务区域)$$
$$X_4 = (X_{41}员工素质, X_{42}企业文化, X_{43}管理水平,$$
$$X_{44}企业信誉, X_{45}增值服务, X_{26}新业务开发能力)$$

本书将第三方中小物流企业合作伙伴的评价分为优、良好、一般、差四个等级,其评语集为 $V = \{y_1, y_2, y_3, y_4\}$,其中 y_1、y_2、y_3、y_4 分别代表优、良好、一般、差四个等级。

$$A^1 = \begin{bmatrix} 1 & 1/2 & 6 & 4 & 5 & 4 \\ 2 & 1 & 6 & 5 & 4 & 4 \\ 1/6 & 1/6 & 1 & 1/2 & 1/2 & 1/3 \\ 1/4 & 1/5 & 2 & 1/3 & 1/3 & 1/4 \\ 1/5 & 1/4 & 2 & 3 & 1 & 1/2 \\ 1/4 & 1/4 & 3 & 4 & 2 & 1 \end{bmatrix} \quad A^2 = \begin{bmatrix} 1 & 1/2 & 6 & 4 & 5 & 5 \\ 2 & 1 & 6 & 5 & 4 & 5 \\ 1/6 & 1/6 & 1 & 1/2 & 1/2 & 1/2 \\ 1/4 & 1/5 & 2 & 1 & 1 & 1/3 \\ 1/5 & 1/4 & 3 & 4 & 1 & 2 \\ 1/5 & 1/5 & 2 & 3 & 3 & 1 \end{bmatrix}$$

$$A^3 = \begin{bmatrix} 1 & 1/2 & 7 & 4 & 6 & 5 \\ 2 & 1 & 8 & 5 & 4 & 5 \\ 1/7 & 1/8 & 1 & 1/2 & 1/3 & 1/2 \\ 1/4 & 1/5 & 2 & 1 & 3 & 2 \\ 1/6 & 1/4 & 3 & 1/3 & 1 & 2 \\ 1/5 & 1/5 & 2 & 1/2 & 0.5 & 1 \end{bmatrix} \quad A^4 = \begin{bmatrix} 1 & 2 & 7 & 5 & 5 & 6 \\ 1/2 & 1 & 6 & 5 & 4 & 5 \\ 1/7 & 1/6 & 1 & 1/2 & 1/3 & 1/2 \\ 1/4 & 1/5 & 2 & 1 & 2 & 1/2 \\ 1/6 & 1/4 & 3 & 1/2 & 1 & 2 \\ 1/5 & 1/5 & 2 & 2 & 0.5 & 1 \end{bmatrix}$$

$$A^5 = \begin{bmatrix} 1 & 2 & 5 & 5 & 7 & 6 \\ 1/2 & 1 & 4 & 3 & 5 & 4 \\ 1/5 & 1/4 & 1 & 1/2 & 2 & 1 \\ 1/5 & 1/3 & 2 & 1 & 3 & 2 \\ 1/7 & 1/5 & 1/2 & 1/3 & 1 & 2 \\ 1/6 & 1/4 & 1 & 1/2 & 1/2 & 1 \end{bmatrix}$$

(1) 计算判断矩阵 A 的每一行的几何平均数,根据公式(9-1)可得

$$w_1^1 = \sqrt[6]{1 \times \frac{1}{2} \times 6 \times 4 \times 5 \times 4} = 2.4949$$

同理,可计算得到

$$w_2^1 = 3.1408, \quad w_3^1 = 0.3637, \quad w_4^1 = 0.4503, \quad w_5^1 = 0.7289, \quad w_6^1 = 1.0700$$

(2) 根据公式(9-2)将 w_i^1 归一化,得出在第一位专家给出的判断矩阵中,X_i 因素的权重 $\overline{w_i^1}$。

$$\overline{w_i^1} = \frac{w_1^1}{\sum_{i=1}^{5} w_1^1} = \frac{2.4949}{2.4949+3.1408+0.3637+0.4503+0.7289+1.0700} = 0.3023$$

同理,可以计算得到

$$\overline{w_2^1} = 0.3809, \overline{w_3^1} = 0.0441, \overline{w_4^1} = 0.0546, \overline{w_5^1} = 0.0884, \overline{w_6^1} = 0.1297$$

(3) 根据公式(9-3)、公式(9-4)对判断矩阵 A^1 进行一致性检验。

根据公式(9-3)计算矩阵最大特征值 λ_{max}^1。

其中

$$A^1 \overline{w_i^1} = (1.9367, 2.3956, 0.2727, 0.3565, 0.5609, 0.8280)$$

$$\lambda_{max}^1 = \sum_{i=1}^{n} \frac{(A^1 \overline{w_i^1})_i}{n w_i^1}$$

$$= \frac{1}{6} \times \left(\frac{1.9367}{0.3023} \times \frac{2.3956}{0.3809} \times \frac{0.2727}{0.0441} \times \frac{0.3565}{0.0546} \times \frac{0.5609}{0.0684} \times \frac{0.8280}{0.1297} \right)$$

$$= 6.3561$$

根据公式(9-4)计算

$$CI^1 = \frac{\lambda_{max}^1 - n}{n-1} = 0.0712$$

查表 9-4 可得,当 $u = 6$ 时,$RI = 1.24$,$CR^1 = CI^1/RI = 0.0712/1.24 = 0.0625 < 0.1$。

(4) 计算专家的权重。

根据公式(9-5),当 $a = 10$,可得

$$P_1 = \frac{1}{1+0.625} = 0.6155$$

同理可得

$$P_2 = 0.6050, P_3 = 0.5766, P_4 = 0.6351, P_5 = 0.7416$$

根据公式(9-6)对 P_i 进行归一化处理,得到专家权重 P_i^*

$$P_1^* = 0.1939, P_2^* = 0.1906, P_3^* = 0.1817, P_4^* = 0.2001, P_5^* = 0.2337$$

根据公式(9-7),计算得出指标的综合权重

$$w_1 = 0.3607, w_2 = 0.3410, w_3 = 0.0503,$$
$$w_4 = 0.0730, w_5 = 0.0906, w_6 = 0.0843$$

表 9-5—表 9-8 分别为 X_1、X_2、X_3 和 X_4 的判断矩阵及权重。

表 9-5　X_1 的判断矩阵及权重

	X_{11}	X_{12}	X_{13}	X_{14}	X_{15}	X_{16}	权重
X_{11}	1,1,1,1	3,4,4,7/2,4	2,3,3,3,2	4,5,7,5,4	3,4,4,4,3	5,6,5,6,5	0.407 9
X_{12}	1/3,1/4,1/4,2/7,1/4	1,1,1,1	1/2,1,1/2,1/2,1/2	1,2,4,3,2	1,1,2,2,1/2	3,3,3,4,3	0.133 4
X_{13}	1/2,1/3,1/3,1/3,1/2	2,2,2,2,2	1,1,1,1	3,7/3,4,3,3	2,2,2,2,2	4,3,3,3,4	0.208 7
X_{14}	1/4,1/5,1/7,1/5,1/4	1,1/2,1/4,1/4,1/3,1/2	1/3,3/7,1/4,1/3,1/3	1,1,1,1	3/4,4/3,1/4,4,1/2,1/2	4,4/3,1/3,2,3	0.076 2
X_{15}	1/3,1/4,1/4,1/4,1/3	1,1,1/2,1/2,2	1/2,1/2,1/2,1/2,1	4/3,4/3,4,2,2	1,1,1,1	3,2,2,3,2	0.119 6
X_{16}	1/5,1/6,1/5,1/6,1/5	1/3,1/3,1/3,3/4,1/3	1/4,1/3,1/3,1/3,1/4	1/4,4/3,4,3,1/2,1/3	1/3,1/2,1/2,1/3,1/2	1,1,1,1	0.054 1

表 9-6　X_2 的判断矩阵及权重

	X_{21}	X_{22}	X_{23}	X_{24}	X_{25}	权重
X_{21}	1,1,1,1	1/2,1/3,1/2,1/2,1/2	1/7,1/7,1/8,1/6,1/6	1/5,1/4,1/6,1/5,1/6	2,3,1,2,2	0.068 2
X_{22}	2,3,2,2,2	1,1,1,1	1/3,1/4,1/4,1/4,1/5,1/3	1/2,1/2,1/3,1/3,1/2	3,4,2,3,4	0.135 8
X_{23}	7,7,8,6,6	3,4,4,5,3	1,1,1,1	2,2,2,2,2	5,8,7,7,8	0.460 5
X_{24}	5,4,6,5,6	1,1,1/2,1/4,1/3,1/2	1/2,1/2,1/3,1/3,1/2	1,1,1,1	4,5,6,5,6	0.285 7
X_{25}	1/2,1/3,1,1/2,1/2	1/3,1/4,1/2,1/3,1/4	1/5,1/8,1/7,1/7,1/8	1/4,1/5,1/6,1/5,1/6	1,1,1,1	0.049 8

表 9-7 X_3 的判断矩阵及权重

	X_{31}	X_{32}	X_{33}	X_{34}	X_{35}	权重
X_{31}	1,1,1,1,1	2,2,3,2,3	3,3,4,3,4	1/2,1/3,1/2,1/2,2	1,1,1/2,1/2,1	0.2331
X_{32}	1/2,1/3,1/2,1/3,1/3	1,1,1,1,1	2,2,2,2,2	1/3,1/3,1/3,1/3,1/2	1/2,1/2,1/4,1/4,1/3	0.108
X_{33}	1/3,1/3,1/4,1/3,1/4	1/2,1/2,1/2,1/2,1/2	1,1,1,1,1	1/4,1/4,1/4,1/4,1/3	1/5,1/3,1/5,1/5,1/4	0.0659
X_{34}	2,2,2,2,1/2	3,3,3,3,2	4,4,4,4,3	1,1,1,1,1	1/2,2,2,1/2,1/2	0.2682
X_{35}	1,1,2,2,1	2,2,4,4,3	5,3,5,5,4	2,1/2,2,2,2	1,1,1,1,1	0.3251

表 9-8 X_4 的判断矩阵及权重

	X_{41}	X_{42}	X_{43}	X_{44}	X_{45}	X_{46}	权重
X_{41}	1,1,1,1,1	3,4,4,4,4	1/2,1/2,1/3,1/2,1/2	4,3,3,3,3	2,2,2,2,1	1/3,3,1/2,3/4,1/2	0.1707
X_{42}	1/3,1/4,1/4,1/4,1/4	1,1,1,1,1	1/4,1/5,1/5,1/5,1/5	1/2,1/2,1/2,2/3,1	1/2,1/3,1/3,1/2,1/3	1/5,1/6,1/4,1/4,1/4	0.0503
X_{43}	1/2,1/3,1/3,1/3,1/2	4,5,5,5,5	1,1,1,1,1	5,4,4,4,3	3,3,3,3,3	1/2,1/2,2,2,1,2	0.2974
X_{44}	1/4,1/5,1/7,1/5,1/4	2,2,2,2,3/2,1	1/5,1/4,1/4,1/4,1/3	1,1,1,1,1	1/2,1/2,1/2,1/2,1/2	1/7,1/4,1/4,1/3,1/3	0.0671
X_{45}	1/2,1/2,1/2,1/2,1	2,3,3,2,3	1/3,1/3,1/3,1/3,1/3	2,2,2,2,2	1,1,1,1,1	1/5,1/3,1/3,1/3,1/3	0.1086
X_{46}	3,3,2,4/3,2	5,5,4,4,4	2,2,1/2,1,1/2	7,4,4,3,3	5,3,3,3,3	1,1,1,1,1	0.3061

所得一致性检验数据均小于 0.1，数据具有可靠性。

则本书的第三方中小物流企业评价指标的权重为如表 9-9 所示。

表 9-9 第三方中小物流企业评价指标的权重

一级指标层	一级权重	二级指标层	二级权重	目标层中权重
物流企业内在能力	0.360 7	企业的财务稳定性	0.407 9	0.147 1
		物流设备拥有量	0.133 4	0.048 1
		物流技术水平	0.208 7	0.075 3
		物流企业信息系统	0.076 2	0.027 5
		物流企业柔性	0.119 6	0.043 1
		市场占有率	0.054 1	0.019 5
物流企业服务水平	0.341 0	作业完成率	0.068 2	0.023 2
		作用准确率	0.135 8	0.046 3
		作业准时率	0.460 5	0.157
		作业保质率	0.285 9	0.097 5
		售后服务	0.049 8	0.017
合作稳定性	0.050 3	经营理念	0.233 1	0.011 7
		利益与风险共享性	0.108	0.005 4
		历史合作状况	0.065 9	0.003 3
		服务方向	0.268 2	0.013 5
		服务区域	0.325 1	0.016 4
合作伙伴发展潜力	0.073	员工素质	0.170 7	0.012 5
		企业文化	0.050 3	0.003 7
		管理水平	0.297 4	0.021 7
		企业信誉	0.067 1	0.004 9
		增值服务	0.108 6	0.007 9
		新业务开发能力	0.306 1	0.022 3
服务价格	0.090 6		1	0.090 6
营销能力	0.084 3		1	0.084 3

二、候选物流企业选择

1. 专家评价矩阵

聘请 JB 物流公司物流骨干及相关专家对候选物流企业根据第三方中小物流企业合作伙伴的评价指标用 10 分制进行打分，得到专家评价矩阵。如表 9-11—表 9-14 所示。其中，表 9-11 代表物流企业Ⅰ；表 9-12 代表物流企业Ⅱ；表 9-13 代表物流企业Ⅲ；表 9-14 代表物流企业Ⅳ。

表 9-10 物流企业 I 评价样本

E_1	E_1	E_1	E_1	E_1	E_1	E_1	E_1
7	9	8	8	7	9	8	8
8	9	7	8	8	9	7	8
9	10	8	9	9	10	8	9
8	7	9	8	8	7	9	8
8	8	8	8	8	8	8	8
7	7	8	6	7	7	8	6
9	10	9	9	9	10	9	9
8	7	8	9	8	7	8	9
8	9	9	8	8	9	9	8
6	8	7	6	6	8	7	6

表 9-11 物流企业 II 评价样本

	E_1	E_1	E_1	E_1		E_1	E_1	E_1	E_1
X_{11}	9	7	7	8	X_{21}	10	10	10	9
X_{12}	7	6	8	7	X_{22}	9	9	10	8
X_{13}	8	10	9	8	X_{23}	10	9	9	10
X_{14}	8	9	10	9	X_{24}	10	9	8	8
X_{15}	8	9	9	10	X_{25}	9	8	7	7
X_{16}	7	8	9	9	X_{41}	9	9	8	7
X_{31}	9	9	10	8	X_{42}	5	7	7	5
X_{32}	9	9	8	9	X_{43}	9	9	10	9
X_{33}	6	8	7	7	X_{33}	3	5	5	4
X_{34}	6	5	5	4	X_{44}	8	6	7	8
X_{35}	9	8	7	9	X_{45}	8	9	7	7
X_5	5	6	6	7	X_6	7	8	7	7

表 9-12 物流企业评价样本

	E_1	E_1	E_1	E_1		E_1	E_1	E_1	E_1
X_{11}	8	9	9	7	X_{21}	5	7	6	6
X_{12}	8	7	6	8	X_{22}	9	8	8	7
X_{13}	9	9	8	7	X_{23}	5	6	6	7

续 表

	E_1	E_1	E_1	E_1		E_1	E_1	E_1	E_1
X_{14}	8	9	8	7	X_{24}	9	9	8	7
X_{15}	8	7	8	7	X_{25}	9	9	8	7
X_{16}	3	5	4	5	X_{41}	6	8	7	8
X_{31}	8	6	7	6	X_{42}	8	6	7	6
X_{32}	7	8	7	6	X_{43}	6	9	7	7
X_{33}	7	6	6	5	X_{33}	6	4	5	4
X_{34}	7	8	7	6	X_{44}	5	7	6	7
X_{35}	6	4	5	6	X_{45}	8	7	6	7
X_5	7	6	6	5	X_6	5	6	7	5

表 9-13 物流企业评价样本

	E_1	E_1	E_1	E_1		E_1	E_1	E_1	E_1
X_{11}	6	8	7	7	X_{21}	10	8	8	9
X_{12}	8	7	9	8	X_{22}	8	8	6	7
X_{13}	8	6	8	7	X_{23}	7	7	9	8
X_{14}	6	6	8	7	X_{24}	9	9	8	9
X_{15}	7	6	8	7	X_{25}	9	8	7	8
X_{16}	4	5	6	5	X_{41}	9	9	8	9
X_{31}	5	5	7	6	X_{42}	10	9	9	9
X_{32}	5	7	7	6	X_{43}	8	9	7	8
X_{33}	6	4	6	5	X_{33}	4	4	5	4
X_{34}	7	9	7	8	X_{44}	4	4	2	3
X_{35}	4	4	2	3	X_{45}	5	7	6	7
X_5	9	6	6	7	X_6	8	5	6	7

2. 确定评价灰类

将以上四个候选物流企业的打分指标对应四个评价灰类,则灰类的灰数和白化函数如图 9-2 所示。

3. 确定评价灰类权矩阵

根据表 9-10 中 Ⅰ 物流企业的合作因素中,评价指标 X_{ij} 属于第 e 个评价灰类的灰色评价系数根据公式(9-9)可以得出。

$e = 1$ 时,$C_{111} = f_1(7) + f_1(9) + f_1(8) + f_1(8) = \dfrac{7}{9} + \dfrac{9}{9} + \dfrac{8}{9} + \dfrac{8}{9} = 3.556$

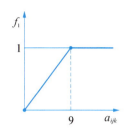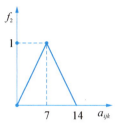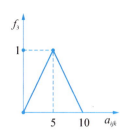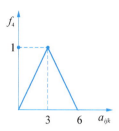

图 9-2 灰数和白化函数

$e=2$ 时，$C_{112} = f_2(7) + f_2(9) + f_2(8) + f_2(8) = \dfrac{7}{7} + \dfrac{14-9}{7} + \dfrac{14-8}{9} + \dfrac{14-8}{9} = 3.429$

$e=3$ 时，$C_{113} = f_3(7) + f_3(9) + f_3(8) + f_3(8) = \dfrac{3}{5} + \dfrac{1}{5} + \dfrac{2}{5} + \dfrac{2}{5} = 1.6$

$e=4$ 时，$C_{114} = f_4(7) + f_4(9) + f_4(8) + f_4(8) = 0 + 0 + 0 + 0 = 0$

根据公式(9-10)计算得出指标 Q_j 的总灰色评价系数为

$$C_{11} = C_{111} + C_{112} + C_{113} + C_{114}$$

而后由公式(9-11)可以得到 C_{ij} 属于各个灰类的灰色评价权向量，即 $r_{11} = \left\{ \dfrac{3.556}{8.584}, \dfrac{3.429}{8.584}, \dfrac{1.6}{8.584}, \dfrac{0}{8.584} \right\} = \{0.412, 0.399, 0.186, 0\}$

同理，得到

$$r_{12} = \{0.414, 0.399, 0.186, 0\}$$
$$r_{13} = \{0.515, 0.379, 0.106, 0\}$$
$$r_{14} = \{0.414, 0.399, 0.186, 0\}$$
$$r_{15} = \{0.414, 0.399, 0.186, 0\}$$
$$r_{16} = \{0.337, 0.403, 0.206, 0\}$$

从而得到第三方物流企业合作因素评价指标 B_i 所属指标 X_{ij} 对于各个评价灰类的灰色评价权矩阵为

$$R_1 = \begin{bmatrix} 0.412 & 0.399 & 0.186 & 0 \\ 0.414 & 0.399 & 0.186 & 0 \\ 0.515 & 0.399 & 0.186 & 0 \\ 0.414 & 0.399 & 0.186 & 0 \\ 0.414 & 0.399 & 0.186 & 0 \\ 0.337 & 0.403 & 0.206 & 0 \end{bmatrix}$$

同理我们可以计算得出 B_2、B_3、B_4、B_5 属指标 C_{ij} 对于各个评价灰类的灰色评价权矩阵。

通过计算得出

$$R_2 = \begin{bmatrix} 0.414 & 0.399 & 0.186 & 0 \\ 0.515 & 0.379 & 0.106 & 0 \\ 0.348 & 0.348 & 0.286 & 0 \\ 0.515 & 0.379 & 0.106 & 0 \\ 0.348 & 0.348 & 0.286 & 0 \end{bmatrix}$$

$$R_3 = \begin{bmatrix} 0.547 & 0.371 & 0.082 & 0 \\ 0.414 & 0.399 & 0.186 & 0 \\ 0.465 & 0.387 & 0.148 & 0 \\ 0.327 & 0.389 & 0.283 & 0 \\ 0.213 & 0.274 & 0.344 & 0.168 \end{bmatrix}$$

$$R_4 = \begin{bmatrix} 0.258 & 0.332 & 0.343 & 0.067 \\ 0.414 & 0.399 & 0.186 & 0 \\ 0.277 & 0.356 & 0.332 & 0.035 \\ 0.287 & 0.369 & 0.310 & 0.034 \\ 0.222 & 0.285 & 0.360 & 0.133 \\ 0.213 & 0.274 & 0.344 & 0.168 \end{bmatrix}$$

$$R_5 = (0.486 \quad 0.386 \quad 0.129 \quad 0)$$

$$R_6 = (0.213 \quad 0.274 \quad 0.343 \quad 0.168)$$

4. 综合评价

根据公式(9-12)计算出一级指标 U 的灰色平均权向量为

$$X_1 = W_1 \times R_1 = \begin{bmatrix} 0.408 \\ 0.133 \\ 0.209 \\ 0.076 \\ 0.120 \\ 0.054 \end{bmatrix}^T \times \begin{bmatrix} 0.412 & 0.399 & 0.186 & 0 \\ 0.414 & 0.399 & 0.186 & 0 \\ 0.515 & 0.399 & 0.186 & 0 \\ 0.414 & 0.399 & 0.186 & 0 \\ 0.141 & 0.399 & 0.186 & 0 \\ 0.337 & 0.403 & 0.206 & 0 \end{bmatrix} = \begin{bmatrix} 0.431 \\ 0.395 \\ 0.174 \\ 0 \end{bmatrix}^T$$

同理可得

$$B_2 = W_2 \times R_2 = (0.423 \quad 0.382 \quad 0.194 \quad 0)$$

$$B_3 = W_3 \times R_3 = (0.360 \quad 0.349 \quad 0.237 \quad 0.055)$$

$$B_4 = W_4 \times R_4 = (0.256 \quad 0.322 \quad 0.332 \quad 0.090)$$

则评价指标 B_i 属于各评价灰类的权值矩阵为

$$B = \begin{bmatrix} 0.431 & 0.395 & 0.174 & 0 \\ 0.423 & 0.382 & 0.194 & 0 \\ 0.360 & 0.349 & 0.237 & 0.055 \\ 0.256 & 0.322 & 0.332 & 0.090 \\ 0.486 & 0.386 & 0.129 & 0 \\ 0.213 & 0.274 & 0.343 & 0.168 \end{bmatrix}$$

根据公式(9-13)得出评价结果

$$A_1 = W^T \times B = \begin{bmatrix} 0.360\,7 \\ 0.341\,0 \\ 0.050\,3 \\ 0.073\,0 \\ 0.090\,6 \\ 0.084\,3 \end{bmatrix}^T \begin{bmatrix} 0.431 & 0.395 & 0.174 & 0 \\ 0.423 & 0.382 & 0.194 & 0 \\ 0.360 & 0.349 & 0.237 & 0.055 \\ 0.256 & 0.322 & 0.332 & 0.090 \\ 0.486 & 0.386 & 0.129 & 0 \\ 0.213 & 0.274 & 0.343 & 0.168 \end{bmatrix} = \begin{bmatrix} 0.399 \\ 0.372 \\ 0.206 \\ 0.024 \end{bmatrix}^T$$

根据公式(9-14)可得

$$S_1 = \begin{bmatrix} 0.399 \\ 0.372 \\ 0.206 \\ 0.024 \end{bmatrix}^T \begin{bmatrix} 9 \\ 6.5 \\ 3.5 \\ 1 \end{bmatrix} = 6.748$$

同理可计算得物流企业Ⅱ、物流企业Ⅲ、物流企业Ⅳ的最后得分

$$S_2 = 7.074, S_3 = 6.534, S_4 = 6.617$$

式中最大值为7.074,因此,我们选择合作企业的排名顺序应该为物流企业Ⅱ、物流企业Ⅰ、物流企业Ⅳ、物流企业Ⅲ。这种选择结果比较接近事实。和这四家候选第三方中小物流企业合作的可能受益都处于良好的评分之内。但是和物流企业Ⅱ合作可能收益会最高。物流企业Ⅱ是一家在福建已经发展了近20年的物流公司,设备比较完备、服务质量也比较高。这也比较符合实际合作情况。

根据上面的计算可以得知,这四家候选物流企业的一级指标得分如表9-14所示。

表9-14 四家候选物流企业的一级指标得分

U	物流企业内在能力	物流企业服务水平	合作稳定性	合作伙伴发展潜力	服务价格	营销能力
Ⅰ得分	6.748	7.055	6.969	6.393	5.649	7.335	6.076
Ⅱ得分	7.074	7.052	7.564	6.681	6.865	6.005	6.758
Ⅲ得分	6.534	6.917	6.516	6.168	6.456	6.085	5.745
Ⅳ得分	6.617	6.560	7.013	5.555	6.361	6.565	6.181

根据表 9-14 可以知道,在四家候选物流企业中,物流企业Ⅰ的实力最强,但是,它并不是最佳合作伙伴。究其原因,主要有以下四个方面。

(1) 在这六个一级指标中,物流企业内在能力这个指标在指标层中所占的权重是最大的。说明合作伙伴的评价中固定设备是比较重要的。物流行业是一个比较特殊的行业,必须要拥有一定量的仓储、运输等设备以便开展业务。在四个候选物流企业中,物流企业Ⅰ和Ⅱ的得分是最高的。相对而言,物流企业Ⅰ比物流企业Ⅱ的得分相对而言高一点。但是,差距并不是很大。

(2) 物流企业的服务水平在合作伙伴的评价中,所占的比重也是比较大的。同时,好的服务水平可以带来顾客对其好的评价。对其营销能力有一定的帮助。在四个候选物流企业中,物流企业Ⅱ的得分是最高的,和其他候选物流企业有着显著的差别。

(3) 对于在长期合作中所占比率比较重的合作稳定性和合作伙伴发展潜力而言,其在中小物流企业合作伙伴的评价过程中所占的比率比较低。虽然物流企业Ⅲ比Ⅰ在发展潜力上所得的分要高,但是在总得分上还是有很大的差距。因此,对于第三方中小物流企业合作而言,短期合作是主流,这也比较符合事实。

(4) 虽然物流行业内主要是以价格竞争为主,但是价格在合作伙伴的选择中所占的比率也不是很大。究其原因,也是由于客户相对于价格而言,对企业物流 的服务水平敏感度更高。

本 章 小 结

物流是国民经济的重要组成部分,涉及领域广、吸纳就业人数多,在促进产业结构调整、转变经济发展方式和增强国民经济竞争力等方面发挥着重要作用。

物流企业(logistic enterprise)是指至少从事运输(含运输代理、货物快递)或仓储一种经营业务,并能够按照客户物流需要对运输、储存、装卸、包装、流通加工、配送等基本功能进行组织和管理,具有与自身业务相适应的信息管理系统,实行独立核算、独立承担民事责任的经济组织。

中小型物流企业合作,有助于企业扩大服务种类以及服务范围,有助于提升企业知名度,有助于双方优势互补、降低企业的运营成本、提高工作效率。

第三方物流企业的相似性合作战略是指个别物流企业有相似的核心资源,可以共同完成相同价值链活动,实行价值链的共享,以达到短期内形成规模经济、分担风险、降低成本的目的。

第十章　海关统计

> **引导案例**

2013年1—2月经广州关区机电产品出口小幅增长

据海关统计，2013年1—2月，经广州关区出口机电产品52.2亿美元，比2012年同期（下同）增长8%，增幅比2012年同期上升3.3个百分点，低于同期经广州关区外贸出口总体增速15.8个百分点，占同期经广州关区出口总额的48%。

一、2013年1—2月经广州关区机电产品出口的主要特点

1. 2月当月出口值同比环比双双下降

2013年2月，受春节假期导致工作日减少因素一定影响，经广州关区机电产品出口同比环比均有所减少，结束了连续2个月同比增长的态势，2月出口机电产品22.1亿美元，同比下降8.4%，环比下降26.3%。

2012年1月—2013年2月经广州关区机电产品出口值月度走势图

2. 一般贸易出口表现优于加工贸易出口

2013年1—2月，经广州关区以一般贸易方式出口机电产品29.5亿美元，大幅增长37.8%，占同期经广州关区机电产品出口总值的56.6%。同期，加工贸易出口21.5亿美元，大幅下降18.1%，低于同期经广州关区机电产品出口整体增速26.1个百分点，占41.2%。此外，以海关特殊监管区域方式出口1.1亿美元，大幅增长75.2%，占2.2%。

3. 外商投资企业出口逾6成,私营企业出口增长势头强劲

2013年1—2月,经广州关区的外商投资企业出口机电产品31.6亿美元,微降4.7%,占同期经广州关区机电产品出口总值的60.5%;私营企业出口17.1亿美元,大幅增长74.8%,占32.8%;国有企业出口2.6亿美元,大幅下降38.5%,占5%。

4. 主要出口市场为中国香港、东盟、欧盟和美国

2013年1—2月,经广州关区对中国香港出口机电产品8.5亿美元,下降20.6%;对东盟出口7.9亿美元,大幅增长69.3%;对欧盟出口7.4亿美元,微增4.5%;对美国出口7亿美元,微增3.9%;上述四者合计占同期经广州关区机电产品出口总值的59.2%。同期,对日本出口4.1亿美元,下降3.7%,占7.9%。

5. 电器及电子产品为主要出口产品,灯具、冰箱等出口快速增长

2013年1—2月,经广州关区出口电器及电子产品21.2亿美元,增长9.9%,占同期经广州关区机电产品出口总值的40.6%;出口机械设备16.6亿美元,增长7.5%,占31.8%;出口高新技术机电产品(与部分机电产品有交集)9.4亿美元,微增3%,占18%。从具体品种看,出口空气调节器5.7亿美元,微增4.5%,占11%(表10-1)。

表10-1 2013年1—2月经广州关区出口机电产品前10位商品情况

(单位:万美元,%)

出口商品	金额	同比
空气调节器	57 280	4.5
灯具、照明装置及类似品	19 680	94.8
微波炉	19 338	6.8
印刷电路	16 394	9.0
冰箱	15 949	18.9
电扇	10 742	14.3
电动机及发电机	9 227	8.6
船舶	8 150	−77.7
数字式相机	7 675	−24.7
液晶显示板	7 197	−2.5

二、近期经广州关区机电产品出口平稳增长的主要原因

1. 欧美经济数据向好,为机电产品出口增长创造有利条件

数据显示,2013年1月份欧元区综合PMI终值报48.6,为2012年3月以来最高,高于48.2的初值;欧盟委员会2013年1月30日公布的数据显示,欧元区1月经济景气指数上升至89.2,优于预期的88.2,欧盟委员会2月27日发布的报告显示,2013年2月份,反映经济信心的欧元区经济敏感指数连续第四个月回升。美国供应

管理协会公布,美国1月制造业活动指数升至53.1,为2012年4月以来最高,最新的统计数据显示:2012年12月,美国20个大都会地区房价同比上涨6.8%;2013年1月份,美国新房销量环比上涨16%。这些都表明,美国楼市正在回暖。欧美经济数据改善和美国房市回暖使居民需求回升,拉动机电产品出口增长。

2. 国家政策推动产业结构调整步伐加快,有助于进出口保持稳定运行

为稳定国内机电产品进出口形势,2009年以来国家先后出台了产业调整振兴规划、提高出口退税等系列政策,部分高附加值机电产品退税率达17%。此外,2012年底中国机械工业联合会发布《"十二五"机械工业发展总体规划》,提出"十二五"期间,中国机械工业将主攻高端装备产品、新兴产业装备等五个重点领域;在国务院近期出台的《关于促进外贸稳定增长的若干意见》中也要求,要优化我国出口商品结构,深入实施科技兴贸和以质取胜战略,扩大技术和资金密集型的机电产品、高技术高附加值产品和节能环保产品出口,并提出要支持企业技术改造,提高劳动密集型产品出口质量、档次和附加值。国家扶持政策有助于国内机电类产业稳定运行和结构优化,也有利于促进相关产品出口增长。

3. 国际市场智能消费类电子产品更新加快,促进出口增长

当前正处于全球电子应用技术革新时期,高清化、网络化、智能化趋势推动视听类家电产业发展步伐加快;加上能效标准陆续推出以及消费者环保意识增强,节能产品纷纷上市,消费品质提升使我国机电产品企业呈现全面升级迹象;空调、洗衣机、冰箱、微波炉和平板电视的能效标准相继推出,进一步提升行业技术水平。各企业纷纷加大了设计研发的力度,逐步向专业化、体系化、规模化、品牌化转型,并对原材料、核心零部件、制造、服务等整个产业链进行全面升级,进一步提升产品的国际竞争力。与此同时,2012年年底财政补贴激励对节能家电的普及作用非常明显,促进机电产品出口增长。

三、当前机电产品出口面临的主要问题

1. 贸易壁垒增多抬高出口门槛

近年来,各国普遍加大了对机电类产品的扶持力度,我国出口机电产品面临的贸易摩擦继续增多,如2012年10月10日,美国商务部就中国光伏产品出口的"双反"(反倾销、反补贴)惩罚性关税作出终裁,对中国产晶体硅光伏电池及组件征收18.32%—249.96%的反倾销税,以及14.78%—15.97%的反补贴税收;欧盟委员会也分别于2012年9月及11月宣布对中国光伏电池开展反倾销、反补贴调查;美国国际贸易委员会2013年1月31日宣布,对华为、中兴、HTC和三星公司的3G和4G无线设备发起"337调查",以确定这些产品是否侵犯美国公司专利权,这是2013年以来美国对中国产品发起的第4起"337调查",涉案产品主要是包括智能手机在内的移动电话、移动电脑卡、移动优盘、个人电脑和其他具有移动功能的网络设备。近期,欧盟又对我国通信业龙头华为和中兴2家企业发难,声称华为和中兴获得中国政府的补贴,并以"触底价格"的形式向欧盟倾销无线网络产品,对部分欧盟的电信通讯厂商造成伤害;南美地区部分国家正在谋划增加绿色贸易壁垒。各国相继出台的贸易壁垒势必抬高出口成本,使得我国机电产品出口难度进一步加大。

2. 新兴经济体渐成对外贸易发展的焦点，国内企业开拓力度仍然不足，亟待进一步提高

在欧洲、日本市场大幅萎缩的情况下，各国企业纷纷进军中东、非洲、南美等新兴市场，而我国机电产品虽具有性价比较高的优点，但受制于核心技术缺失，目前出口主要依靠中低端产品，高端产品竞争力弱，导致国内行业开拓市场能力不强。根据机电行业进出口商会的统计，112届广交会第一期，机电产品与金砖国家的成交额比上年同期仅增长0.1%，市场份额为19.7%，表现仍不理想。

3. 企业成本上升及内部无序竞争，严重影响行业发展

2013年以来受欧债危机影响，国外市场疲软，订单下降，企业开工不足，加之受人民币汇率、劳动力成本、原材料价格影响，企业生存压力变大，发展受到极大的限制，多数企业仅仅是维持正常运转，根据机电进出口商会的统计，2013年多数企业出口综合成本上升，赢利能力极弱。由于我国机电产品企业数量众多，但产业规模并没有转化为优势，而是形成了分散经营、各自为战的局面，同行业竞争激烈，低价竞销现象严重，致使企业对自主品牌经营和自主研发设计的投入不足，产业优势得不到发挥，在一定程度上限制了产业的健康发展。

资料来源：海关统计资讯网，http://www.hgtj.cn/aspx/1/NewData/Assay_Class.aspx?state=1&guid=683a9fe9-1caf-403e-bd8a-a4cd361bc719。

讨论题

1. 你接触过海关统计数据吗？举个例子。
2. 海关统计与其他统计最大的区别在哪里？

学习要点

1. 了解海关统计的主要任务，特征和相关知识。
2. 了解海关统计的范围和项目。
3. 掌握海关统计资料的编制。
4. 延展海关统计的重要性。

重点与难点

1. 海关统计项目中贸易方式的区分。
2. 海关统计资料编制。

本章导语

本章通过较为详细的海关统计和海关统计制度相关知识的介绍，让读者对海关统计有其初步的认识；进而介绍海关统计的范围和项目，帮助理解海关统计的具体工作内容；最后，向读者介绍了海关统计资料汇编的方法。

第一节 海关统计相关介绍

海关统计是海关依法对进出口货物贸易的统计,是国民经济统计的组成部分,是国家制定对外经济贸易政策、进行宏观经济调控的重要依据,是研究中国对外经济贸易发展和国际经济贸易关系的重要资料。1981年国务院决定海关统计作为中国对外贸易的官方统计,1987年颁布实施的《中华人民共和国海关法》明确规定,编制海关统计是海关的四大任务之一。

一、海关统计的主要任务

海关统计的任务是对进出口货物贸易进行统计调查、统计分析和统计监督,进行进出口监测预警,编制、管理和公布海关统计资料,提供统计服务。

统计调查、统计分析和统计监督是海关统计的基本职能;监测预警是海关统计决策服务和监督监测职能的进一步深化;编制、管理和公布海关统计资料是《统计法》赋予统计工作的职责,统计服务体现了海关统计工作的职能定位。随着统计职能和外部需求的不断发展,自2012年起海关逐渐增加了外贸出口先导指数调查、进口货物使用去向调查、运保费调查等抽样调查工作,用以编制更加丰富的货物贸易相关统计资料。

二、海关统计的特点

(一)全面性

《海关法》明确规定,海关是国家的进出境监督管理机关。所有进出境的货物必须向海关如实申报,接受海关监督管理。《海关法》为海关及时收集全面的进出境货物统计资料提供了法律依据和根本保证。

(二)可靠性

海关统计是海关监管过程和结果的记录,海关统计的原始资料是经海关实际监管的进出口货物报关单及有关单证。海关在对外贸易活动中所处的"客观中立"地位决定了海关统计数据的可靠性。

(三)国际可比性

海关统计自1980年恢复以来,全面采用国际标准,统计方法与统计口径同各国通行的货物贸易统计方法是一致的,海关统计数据具有国际可比性。

三、海关统计制度方法

(一)海关统计制度

海关统计制度是关于海关统计的行为规范,规定进出口货物的统计范围、统计项目、指标含义等内容。

1955年,对外贸易部制定了中国海关历史上第一部统计制度《中华人民共和国对外贸易统计制度》,使海关统计工作走上了制度化的轨道。1980年1月1日起实施的《海关统计制度》是新中国成立以来第一个同国际标准接轨的统计标准,1984年和1994年两次进行修订。2006年3月1日起施行的《海关统计条例》和11月1日施行的《海关统计工作管理规定》是我国海关统计现行的法律依据和制度方法。

《海关统计条例》主要内容包括:立法的目的和依据,海关统计性质、海关统计任务以及海关统计工作的组织管理机构,海关统计范围、海关统计的基本项目及其统计方法,海关统计原始资料和海关统计资料的管理以及公布要求,海关统计人员、海关统计相对人的权利和义务,海关统计相对人影响海关统计数据质量的法律责任及处罚依据。

(二) 海关统计资料编制

海关总署以《海关统计条例》确定的统计范围为判断依据,在全国海关统计基础数据库中逐条筛选符合纳入对外贸易统计的报关记录,采集进出口标志、统计人民币值、统计美元值、贸易方式、运输方式等指标,按"超级汇总"方式直接得出进口总额和出口总额,并衍生计算进出口总额和进出口差额等指标。各省、自治区、直辖市的进出口总额也采用同样的方法计算。类似地,通过"超级汇总"的方法,还可以按照商品、关别、贸易方式、运输方式等统计指标对原始统计数据进行分类汇总,编制相关统计资料。

(三) 统计资料对外公布

根据《海关统计条例》,进出口统计数据及相关综合统计资料由海关负责对外公布。海关总署综合统计司统一管理全国进出口统计资料公布工作,直属海关负责公布地方进出口统计资料。各级海关统计部门对经汇总加工编制的海关统计资料,通过举行新闻发布会、出版发行统计书刊、电子数据交换、新闻稿等形式,定期向社会各界公开公布。

四、海关统计的国际交往与合作

作为中国对外贸易统计的官方机构,海关总署向联合国、国际货币基金组织、世界贸易组织等国际组织提供中国对外贸易统计数据。

随着双边经贸往来和海关合作的不断深入,以研判双边贸易统计差异和揭示海关监管风险为主要目的的双边海关统计数据交换工作日益成熟并发展。截至2013年2月底,海关总署已与欧盟、俄罗斯、白俄罗斯、哈萨克斯坦、蒙古、吉尔吉斯斯坦、乌克兰、印度尼西亚、乌兹别克斯坦、中国香港、中国澳门、中国台湾等国家和地区的货物贸易统计主管部门签署了开展统计合作的协议性文本,与美国国际贸易委员会签署了联合研究的意向书,与韩国在中韩海关合作框架下开展长期合作,并与日本、南非海关启动了统计合作磋商。

第二节 海关统计范围及项目

一、海关统计范围

编制国际货物贸易统计通常采用两种贸易制,即总贸易制与专门贸易制。总贸易制是以经济领土作为统计地域,对进入和离开一国经济领土的所有货物实施进口和出口统计的贸易记录制,总贸易制下的对外贸易额,可以用来考察一个国家作为买者或卖者在国际贸易中所起的作用。专门贸易制是以经济领土的一个特定部分作为统计地域,对进入和离开该地域的货物实施进口和出口统计的贸易记录制,专门贸易制的对外贸易额,可以用来考察一个国家在国际贸易中作为生产者或消费者的流转额。

中国的对外贸易统计自1859年至1994年均采用专门贸易制,1995年起改为总贸易制。《中华人民共和国海关统计条例》第四条规定:实际进出境并引起境内物质存量增加或减少的货物,以及超过自用、合理数量的进出境物品,列入海关统计。

"进出境"即指"进出关境"。关境是《中华人民共和国海关法》全面实施的领域,即除香港特别行政区、澳门特别行政区和台湾省之外的全部领域。香港和澳门各自实行单独的海关制度;台湾省于2001年以"台澎金马单独关税区"的名义成为世界贸易组织成员。因此,在海关统计实践中,将上述三个地区视作贸易伙伴地区,内地与这三个地区之间往来的货物,列入中国的对外贸易统计;这三个地区与中国以及世界上其他国家和地区直接的贸易往来由这三个地区另行统计。

出于贸易优惠政策和海关监管的需要,中国关境内划分了多个海关特殊监管区域和保税监管场所。特殊监管区域和保税监管场所与境外之间进出口的货物列入进出口统计,特殊监管区域和保税监管场所与境内之间流转的货物,不列入对外贸易统计。对于虽然实际进出境但没有引起境内物质存量增加或减少的货物,不列入海关统计,根据需要实行单项统计。

另外,除了货物外,超过自用合理数量的进出境"物品"也列入进出口总额的统计范围之内。

二、海关统计项目

海关统计项目是构成统计指标体系的基础,是进出口统计数据的法定采集指标。《海关统计条例》规定进出口货物的统计项目包括品名及编码、数量、价格、经营单位、贸易方式、运输方式、进口货物的原产国(地区)、启运国(地区)、境内目的地、出口货物的最终目的国(地区)、运抵国(地区)、境内货源地、进出口日期、关别以及海关总署规定的其他统计项目。根据国民经济发展和海关监管需要,上述项目可由海关总署进行调整。

(一) 品名及编码

列入进出口统计的货物均根据《中华人民共和国海关统计商品目录》(以下简称《商品目录》)归类统计。该目录 1980—1991 年以联合国《国际贸易标准分类》第 2 次修订本为基础编制,1992 年起改以海关合作理事会制定的《商品名称和编码协调制度》(The Harmonized Commodity Description and Coding System)为基础编制,采用八位数商品编码,前六位数是《协调制度》编码,后两位数是根据中国关税、统计和贸易管理方面的需要而增设的本国子目。《商品目录》共设 98 章,其中前 97 章与《中华人民共和国进出口税则》一致,第 98 章专为统计目的而设。

(二) 数量

海关统计数量是按商品的实物量统计,用以反映实际进出口商品的规模和发展变化情况。由于商品的实物量统计不受汇率、通货膨胀、价格波动等因素的影响,因此可以成为国际货物贸易数据对比的可靠参考指标。

进出口货物均按照《海关统计商品目录》规定的计量单位统计数(重)量。统计的重量一律按净重计算。

(三) 价格

统计价格也就是进出口货物的金额。其中,进口货物按到岸价格(CIF)统计,出口货物按离岸价格(FOB)统计。

统计价格同时按照人民币和美元计价统计。进出口货物的成交价格以其他外币计价的,应当分别按照海关征税使用的中国人民银行折算价和国家外汇管理部门按月公布的统计用各种外币对美元的折算率折算成人民币值和美元值进行统计。

其中,海关征税适用的中国人民银行折算价是根据《中华人民共和国海关进出口货物征税管理办法》(署令第 124 号),为上一个月第三个星期三(该时点如逢法定节假日,则顺延采用第四个星期三的)中国人民银行公布的外币对人民币的基准汇率,以基准汇率币种以外的外币计价的,采用同一时间中国银行公布的现汇买入价和现汇卖出价的中间值。各种外币对美元折算率采用国家外汇管理局发布的《统计用各种外币对美元折算率表》(在国家外汇管理局网站公布)。

2013 年以前,以人民币计价的进出口额仅在《海关统计年鉴》中每年对外公布一次。随着人民币国际化进程的不断深入,自 2013 年起,在每月公布的《海关统计快讯》和《海关统计月刊》中,增加公布以人民币计价的进出口总额、出口总额、进口总额以及进出口差额四个总量指标,并将逐步扩大人民币计价统计数据的发布内容,以满足各界对人民币计价海关统计数据日益增多的需求。

(四) 国别(地区)

进口货物统计原产国(地区),出口货物统计最终目的国(地区)。原产国(地区)指进口货物的生产、开采或加工制造的国家(地区)。对经过几个国家(地区)加工制造的进口货物,以最后一个对货物进行经济上可以视为实质性加工的国家(地区)作为该货物的原产国(地区)。原产国(地区)确实不详时,按"国别(地区)不详"统计。最终目的国(地区)指出口货物已知的消费、使用或进一步加工制造的国家(地区)。最终目的国(地区)不能确定时,按货物出口时尽可能预知的最后运往国(地区)统计。

根据联合国推荐的统计标准,对于进口货物,除统计原产国(地区)外,还统计启运国,即直接运抵我国或在运输中转国(地区)未发生任何商业交易的情况下运抵我国的货物的始发国(地区)。对于出口货物,在最终目的国(地区)的基础上,增加统计运抵国(地区),即出口货物从我国直接运抵或在运输中转地未发生任何商业性交易的情况下最后运抵的国家(地区)。

(五) 贸易方式

贸易方式是买卖双方转让商品所有权时所采用的交易方式,亦称货物的贸易性质,贸易方式统计可以反映各种贸易方式的进出口情况及其在对外贸易中所占的比重。列入进出口总额统计的贸易方式分为 20 种。

1. 一般贸易

一般贸易指中国境内有进出口经营权的企业单边进口或单边出口的货物,但以下第 2—20 项列名贸易方式进出口的货物除外。

2. 国家间、国际组织无偿援助和赠送的物资

国家间、国际组织无偿援助和赠送的物资指中国根据两国政府间的协议或临时决定,对外提供无偿援助、捐赠品或中国政府、组织基于友好关系向对方国家政府、组织赠送的物资,以及中国政府、组织接受国际组织、外国政府或组织无偿援助、捐赠或赠送的物资。

3. 其他捐赠物资

其他捐赠物资指境内、外捐赠人(外国政府和国际组织除外)以扶贫、慈善、救灾为目的捐赠的直接用于扶贫、救灾、兴办公益福利事业的物资。

4. 补偿贸易

补偿贸易指由境外厂商提供或利用境外出口信贷进口生产技术或设备,由中方进行生产,以返销产品方式分期偿还对方技术、设备价款或贷款本息的交易形式。

5. 来料加工装配贸易

来料加工装配贸易指由外商提供全部或部分原材料、辅料、零部件、元器件、配套件和包装物料,必要时提供设备,由中方按对方的要求进行加工装配,成品交对方销售,中方收取工缴费,对方提供的作价设备价款,中方用工缴费偿还的交易形式。

6. 进料加工贸易

进料加工贸易指中方用外汇购买进口的原料、材料、辅料、元器件、零部件、配套件和包装物料,加工成品或半成品后再外销出口的交易形式。

7. 寄售代销贸易

寄售代销贸易指寄售人把货物运交事先约定的代销人,由代销人按照事先约定或根据寄售代销协议规定的条件,在当地市场代为销售,所得货款扣除代销人的佣金和其他费用后,按照协议规定方式将余款付给寄售人的交易形式。

8. 边境小额贸易

边境小额贸易指中国沿陆地边界线经国家批准对外开放的边境县(旗)、边境城市辖区内经批准有边境小额贸易经营权的企业,通过国家指定的陆地边境口岸,与毗邻国家边境地区的企业或其他贸易机构之间进行的贸易活动。

9. 加工贸易进口设备

加工贸易进口设备指加工贸易项下对方提供的机械设备,包括以工缴费(或差价)偿还的作价或不作价设备。国家为鼓励服务外包产业,海关对发包方提供的供服务外包企业提供服务所需的进口设备实施保税监管,也按照加工贸易进口设备列入统计。

10. 对外承包工程货物

对外承包工程货物指经批准有对外承包工程经营权的公司为承包国外建设工程项目和开展劳务合作等对外合作项目而出口的设备、物资。

11. 租赁贸易

租赁贸易指承办租赁业务的企业与外商签订国际租赁贸易合同,租赁期为一年及以上的租赁进出口货物。

12. 外商投资企业作为投资进口的设备、物品

外商投资企业作为投资进口的设备、物品指外商投资企业以投资总额内的资金(包括中方投资)所进口的机器设备、零部件和其他物料(其他物料指建厂(场)以及安装、加固机器所需材料),以及根据国家规定进口本企业自用合理数量的交通工具、生产用车辆和办公用品(设备)。

13. 出料加工贸易

出料加工贸易指将中国关境内原辅料、零部件、元器件或半成品交由境外厂商按中方要求进行加工或装配,成品复运进口,中方支付工缴费的交易形式。

14. 易货贸易

易货贸易指不通过货币媒介而直接用出口货物交换进口货物的贸易。

15. 免税外汇商品

免税外汇商品指由经批准的经营单位进口、销售专供入境的中国出国人员、华侨、外籍华人、港澳台同胞等探亲人员、出境探亲的中国公民和驻华外交人员的免税外汇商品。

16. 保税监管场所进出境货物

保税监管场所进出境货物指从境外直接存入保税仓库(含保税物流中心)的货物和从保税仓库(含出口监管仓库和保税物流中心)复运出境的货物,不包括保税区等海关特殊监管区域的仓储、转口货物。2011年以前称为"保税仓库进出境货物"。

17. 海关特殊监管区域物流货物

海关特殊监管区域物流货物指从境外存入保税区、出口加工区、综合保税区、保税港区等海关特殊监管区域和从上述区域运往境外的仓储、分拨、转口等保税物流货物。2011年以前称为"保税区仓储、转口货物"。

18. 海关特殊监管区域进口设备

海关特殊监管区域进口设备指出口加工区等海关特殊监管区域企业从境外进口用于加工生产所需的机器设备及工模具、区内建设所需的基建物资以及区内企业和行政管理机构自用合理数量的办公用品。

19. 其他贸易

其他贸易指上述列明贸易方式不包括但根据《海关统计条例》应列入进出口额统计

的货物,如旅游购物、对台小额贸易等。

20. 免税品

免税品指设在国际机场、港口、车站和过境口岸的免税品商店进口,按有关规定销售给办完出境手续的旅客的免税商品,供外国籍船员和我国远洋船员购买送货上船出售的免税商品,供外交人员购买的免税品,以及在我国际航机、国际班轮上向国际旅客出售的免税商品,还包括海南离岛免税商品。自2014年起,免税品的统计口径从海关单项统计调整为进出口贸易统计,即列入我国货物贸易进出口值,并在海关统计快讯、月刊和年鉴的进出口商品贸易方式总值表中,增列"免税品"的进出口统计数据。

(六) 境内目的地和境内货源地

海关统计境内目的地和境内货源地,是用于反映进出口货物在境内流向,即进口商品的使用地区和出口商品的生产地区。

境内目的地是指进口货物在我国关境内的消费、使用地或最终运抵地,即进口货物的最终使用单位所在的地区。如进口货物的最终使用单位难以确定,按货物进口时预知的最终收货单位所在地统计。

境内货源地是指出口货物在我国关境内的产地或原始发货地。如出口货物在境内多次转换运输工具,难以确定其生产地,按最早发运该出口货物的单位所在地统计。

(七) 运输方式等其他主要统计项目

海关对进出口货物的运输方式按实际进境或出境时的具体方式统计,包括水路运输、铁路运输、公路运输、航空运输、邮政运输,还包括人力、畜力、管道和电网运输等。

进出口货物的经营单位按照在海关注册登记并从事进出口经营活动的法人、其他组织及个人统计。

进出口货物的关别按照接受申报的海关进行统计。例如,一批海运进口货物从天津口岸进境,在天津口岸换装火车运往呼和浩特,在呼和浩特报关进口,则关别按呼和浩特海关统计。

进口货物按海关放行日期列入统计;出口货物按海关结关时间列入统计。如2013年3月的进出口额包括3月份放行的进口货物和3月份结关的出口货物总合。

第三节 海关统计资料编制统计

海关统计资料的编制是依托海关业务信息化系统获取海关原始资料,并对统计原始资料进行整理、汇总及分析的过程,包含统计数据的收集、审核、核查、上报、反馈、汇总及加工等一系列环节。

海关统计数据收集的原始凭证是《中华人民共和国海关进口货物报关单》《中华人民共和国海关出口货物报关单》《中华人民共和国保税区进境货物备案清单》《中华人民共和国保税区出境货物备案清单》及经海关核发的其他申报单证。进出口企业按照报关单的规范格式填制、以电子数据交换的方式向海关申报,经各级海关、各岗位审核后传输到海关总署。海关总署信息中心再将各口岸的数据汇总并进行质量检控,经综合统计司复核后编制全国贸易统计报表并将数据按经营单位所在地、收发货地等口径分别整合后反馈给各直属海关,以供编制各关区(地区)海关统计报表。同时,各级海关还可对海关统计原始资料进行提炼和分析,编制反映进出口总体进度的分析报告、进出口监测预警信息等。图10-1、图10-2为海关统计相关数据。

宁波海关	873.8	5.5	512.7	7.8	昆明海关	33.4	11.9	21.5	63.1
黄埔海关	789.7	15.2	667.7	-5.9	西安海关	33.2	56.7	53.8	43.9
青岛海关	774.6	2.7	1,052.4	3.3	合肥海关	27.8	23.4	75.8	45.0
天津海关	665.7	1.0	738.9	3.2	南昌海关	24.8	-18.4	38.9	-19.8
广州海关	491.5	10.4	353.6	-0.5	湛江海关	24.3	12.6	199.6	9.8
厦门海关	471.5	8.4	292.3	8.6	海口海关	20.8	38.5	67.4	-8.8
大连海关	368.4	-0.4	445.7	1.4	长沙海关	19.5	7.5	41.7	24.5
拱北海关	281.9	3.9	166.9	4.0	沈阳海关	17.1	21.2	43.6	-0.4
杭州海关	248.9	10.1	347.1	-2.8	呼和浩特海关	11.2	-27.0	35.9	1.8
北京海关	192.4	5.1	350.8	2.7	满洲里海关	10.5	-5.3	24.2	-18.4
重庆海关	189.4	56.8	116.1	40.1	拉萨海关	9.7	26.0	0.3	-53.5
济南海关	139.1	5.8	132.6	10.2	长春海关	8.5	4.6	54.0	8.5

图 10-1 2013年海关统计数据

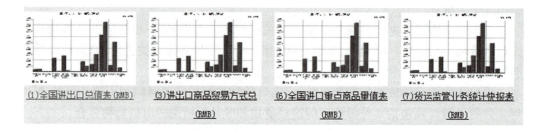

图 10-2 海关统计相关数据指标

第四节 延伸海关统计职能

随着我国对外贸易的发展,我国更加深入广泛地参与到全球经济一体化的进程中,海关统计数据量快速增长,对进出口动态信息的需求也日益剧增。

海关统计职能延伸是我国外向型经济发展的需要。经济一体化及我国经济对外依存度的增大,使得海关统计职能延伸十分必要。当前,随着对外贸易摩擦的增多,延伸海关统计职能、提高海关分析质量变得迫切。海关统计如何在个性化分析基础上做好预警监测,统计职能的延伸和分析质量的提高更为迫切。

一、服务于海关监督和内部管理

宏观上,海关统计分析必须紧密联系国家现行经济贸易方针、策略,加强对外经济形式的综合性、整体性研究,客观地提示当前对外贸易的特征和规律。

首先,在进出境监管方面,用信息技术和科技手段,对进出境货物、物品、运输工具进行定性、定量的分析,以提高海关严密监管,高速运作的水平。其次,在税收方面,通过设定科学的税收评估指标,对商品归类、审价、原产地、减免税等各项指标进行实时监控,努力实现税收应收尽收。再次,在打击走私违法犯罪方面,重复发挥检测和预警作用,加强分析数据,提高反走私预警和应变能力。最后,在加工贸易管理方面,运用统计数据对企业从北岸到核销的各个环节作出分析,提高监管重点和风险,使稽查部门进行监管。

二、加强对进出口贸易预警监测和统计分析的针对性、全面性、适用性

统计的预警监测功能是现代海关制度第二步发展战略的重要组成部分。海关作为编制国家进出口贸易统计的职能部门,只有不断提高出口预警监测能力,才能起到保护国家经济利益、促进外贸的作用。

(一) 加强对行业主管部门及行会、商会的支持

海关预警监测的结果要转化为成果,最终要政府主管或企业作出相关判断。将海关预警监测的结果及时通报给各级政府部门,使各级政府和部门根据预警监测结果作出判断,而海关预警监测的相关信息的传递通过行业主管部门、商会、行业牵头组织,能够弥补企业资金、人才和信息等不足。

(二) 为企业服务,以提高市场竞争力

一是及时向企业发布进出口预警监测信息,适应社会各界对进出口预警监测信息的多样化需求;二是向企业宣传进出口预警监测系统,使企业能通过系统平台了解国际市场信息,提高科学经营和应对国际贸易摩擦的能力。

(三) 加强统计分析的针对性、全面性、适用性

海关统计分析工作要想把握对外经济的脉搏、反映有时代特征的对外经济规律,就必须坚持遵循市场经济规律,自觉从市场经济的角度去研究解决新形势下对外经济的问题。

三、加强对海关统计指标的行业管理,提高统计分析的时效性、科学性

统计指标是统计的基本细胞,统计指标的设定是有其科学内涵的,指标设定的好坏将直接影响设定该指标的初衷。在目前情况下,各部门、各海关为加强管理和业务需要都不同程度地设定了相关指标,有些指标有其科学的一面,但也有不严密的地方。

具体表现为:一是各部门相对独立,各自单线按对口业务统计,有时为统计同一指

标数据不同的业务部门分别统计,造成资源的浪费;二是一些指标有其科学性,但严密性不够,使指标不能充分发挥作用;三是一些宏观指标用作微观考核,易引起不公平。因此,作为统计部门应从专业角度出发,对海关系统内的各种指标加强"行业"管理,必要时可由总署规范,各种指标管理归统计部门,各部门需要增设统计指标时必须到统计部门备案,统计部门对指标的科学性、适用性、严密性等进行必要的论证,使统计指标发挥应有的作用。

对外经济的内涵及其构成和发展不是盲目的,而是具有整体性、相关性、有序性等规律的。因此,在分析研究进出口贸易时,就必须在研究其质的同时,研究其量的规律性。在定性分析的基础上,充分重视开展定量分析,应用数学的多变量分析方法,建立国际贸易经济数学模型,对进出口数据进行科学的分析处理。从而为对外经济的科学论证提高定性和定量的理论依据。

【课后思考】
1. 海关统计的范围及项目是什么?
2. 海关统计有哪些特点?
3. 海关统计的主要任务是什么?如何进行资料编制?
4. 延展海关统计职能的重要性是什么?

本 章 小 结

海关统计的任务是对进出口货物贸易进行统计调查、统计分析和统计监督,进行进出口监测预警,编制、管理和公布海关统计资料,提供统计服务。

海关统计的特点是全面性、可靠性和国际可比性。

编制国际货物贸易统计通常采用两种贸易制,即总贸易制与专门贸易制。出于贸易优惠政策和海关监管的需要,中国关境内划分了多个海关特殊监管区域和保税监管场所。

海关统计项目是构成统计指标体系的基础,是进出口统计数据的法定采集指标。《海关统计条例》规定进出口货物的统计项目包括品名及编码、数量、价格、经营单位、贸易方式、运输方式、进口货物的原产国(地区)、启运国(地区)、境内目的地、出口货物的最终目的国(地区)、运抵国(地区)、境内货源地、进出口日期、关别以及海关总署规定的其他统计项目。

延展海关职能服务于海关监督和内部管理,有助于加强对进出口贸易预警监测和统计分析的针对性、全面性、适用性,还有助于加强统计分析的针对性、全面性、适用性。

参 考 文 献

[1] 甄文祥. DRP(配送资源计划)系统及其应用[J]. 工业工程与管理,2001(2): 35-41.
[2] 郑毅. DRP系统概述及实现的关键因素[J]. 商业经济,2005(9):117-124.
[3] 刘友权. EIQ分析法在连锁经营配送中心的应用及实例研究[D]. 华中科技大学,2005.
[4] 杨世强,吴忠,陈心德. 电子商务物流配送瓶颈及解决方案[J]. 商业研究,2010(2):202-204.
[5] 彭鸿广. 基于电子商务的连锁经营物流配送体系框架探讨[J]. 商业研究,2005(20):203-206.
[6] 李军,史伟. 物流配送业客户满意度分析[J]. 工业工程,2007,(9):127-130.
[7] 张万松,苏文明,郭鲁. 物流中心DRP应用探讨[J]. 科技情报开发与经济,2005,15(4):135-136.
[8] 孙振中. 第三方中小物流企业间合作伙伴评价与选择[D]. 西南交通大学,2010.
[9] 李晓霞. 基于顾客满意的快递企业服务质量评价研究——以顺丰公司为例[D]. 南昌大学,2013.
[10] 吴可杰. 统计学原理[M]. 南京大学出版社,1990.
[11] 黄良文,曾五一. 统计学原理[M]. 中国统计出版社,2000.
[12] 我国物流统计指标体系与统计方法研究[D]. 北京物流学院,2003.
[13] 陈成栋. 社会物流成本统计指标体系研究[J]. 湖南医科大学学报(社会科学版),2009,11(4).
[14] 北京君略产业研究院. 2010年中国现代物流行业研究报告.
[15] 延静. 物流统计与实务[M]. 清华大学出版社,2008.
[16] 张志俊. 物流与供应链统计[M]. 化学工业出版社,2012.
[17] 祖巧红. 物流信息系统[M]. 武汉大学出版社,2011.
[18] 刘延平. 仓储与配送管理[M]. 电子工业出版社,2011.
[19] 王道平. 供应链库存管理与控制[M]. 北京大学出版社,2011.
[20] 周兴建,张北平. 现代仓储管理与实务[M]. 北京大学出版社,2012.
[21] 贾俊平. 统计学(第四版)[M]. 中国人民大学出版社,2011.
[22] 汤兵勇. 电子商务原理[M]. 化学工业出版社,2012.
[23] Ronald H. Ballou著,王晓东,胡瑞娟译. 企业物流管理——供应链的规划、组织

和控制[M].机械工业出版社,2012.
[24] 徐静霞.统计学原理与实务[M].北京大学出版社,2013.
[25] 何明柯.物流系统论[M].高等教育出版社,2011.
[26] 赵林度.物流系统分析[M].科学出版社,2012.
[27] 兰明.基于CPS理念的包装总成本控制及分析[D].陕西科技大学,2013.

后　　记

　　本书编者多年从事物流管理的教学和科研,在教学的同时,实时关注并研习物流前沿,在探索物流统计实务的理论脉络和知识体系的基础上,进行思考、编排,撰写了本书。也是在承担江西省学位与研究生教育教学改革研究项目"职业型专业学位研究生创新人才培养模式研究"(JXYJG2013-058)的过程中,从课程建设和内容设计层面进行的重要探索,为此还得到了江西财经大学"信毅教材大系"的鼎力资助,在此一并表示诚挚的谢意。

　　近年来,我国关于物流统计实务的理论研究和实践探索有一定的发展,相关教材出版也比较可观,为高校物流类专业教育带来了极大便利。编者从实际出发,基于案例分析,将理论知识与实际探索相结合,具体结合多年来从事本科生和研究生的物流管理课程教学实际中的思考和探索,编写了本书。编写过程有一定的难度,但编者努力去做尝试。本书的编写主要由王友丽博士完成,福州大学硕士研究生、江西财经大学本科生参加了本书的研讨和准备工作,前期资料收集和初稿的撰写得到了陈佳华、朱红梅、张晓兰、曾嘉诚的热情参与和大力支持,后期和杉、高帆两位同学也为本书稿的完成提供了支持,他们的参与为编者的工作奠定了重要的基础,对于他们付出的辛勤劳动,在此深表感谢!感谢江西财经大学统计学院李峰博士为本书稿多次提出的宝贵意见和建议。

　　本书在编写的过程中参考了大量学术著作、教材、论文和网络资料,部分已在正文中标注,其他多以参考文献的方式列出,在此对这些文献资料的作者表示衷心的感谢,若有遗漏,敬请谅解。

　　尽管在编写过程中倾注了心血,但是呈现在广大读者面前的这本教材还存在不少错误、疏漏之处,有待进一步完善。真挚希望广大读者批评指正,提出宝贵的意见!

编者
2016 年 3 月 15 日

图书在版编目(CIP)数据

物流统计实务/王友丽主编. —上海:复旦大学出版社,2016.6
信毅教材大系
ISBN 978-7-309-12362-3

Ⅰ.物… Ⅱ.王… Ⅲ.物流-物资统计-高等学校-教材 Ⅳ.F251.3

中国版本图书馆 CIP 数据核字(2016)第 136694 号

物流统计实务
王友丽 主编
责任编辑/岑品杰 王雅楠

复旦大学出版社有限公司出版发行
上海市国权路 579 号 邮编:200433
网址:fupnet@fudanpress.com http://www.fudanpress.com
门市零售:86-21-65642857 团体订购:86-21-65118853
外埠邮购:86-21-65109143
上海华业装潢印刷厂有限公司

开本 787×1092 1/16 印张 12 字数 256 千
2016 年 6 月第 1 版第 1 次印刷

ISBN 978-7-309-12362-3/F·2281
定价:28.00 元

如有印装质量问题,请向复旦大学出版社有限公司发行部调换。
版权所有 侵权必究